好父母是孩子的榜样，是孩子成才的领路人

父母这样做
孩子早成才

王飞鸿◎编

吉林出版集团有限责任公司

图书在版编目（CIP）数据

父母这样做，孩子早成才／王飞鸿编．—长春：吉林出版集团有限责任公司，2014.10
ISBN 978-7-5534-1491-1

Ⅰ．①父…　Ⅱ．①王…　Ⅲ．①家庭教育　Ⅳ．① G78

中国版本图书馆 CIP 数据核字 (2014) 第 231690 号

父母这样做，孩子早成才
FUMU ZHEYANG ZUO HAIZI ZAO CHENGCAI　　　　　　　　　　　　王飞鸿　编

出版策划：	孙　昶
责任编辑：	王　媛　于媛媛
责任校对：	侯　帅
封面设计：	孙希前
出　　版：	吉林出版集团有限责任公司（www.jlpg.cn/yiwen）
	（长春市人民大街 4646 号，邮政编码：130021）
发　　行：	吉林出版集团译文图书经营有限公司
	(http://shop34896900.taobao.com)
电　　话：	总编办 0431-85656961　营销部 0431-85671728
印　　刷：	北京天正元印务有限公司
开　　本：	787mm×1092mm　1/16
印　　张：	18
字　　数：	220 千字
版　　次：	2015 年 3 月第 1 版
印　　次：	2015 年 3 月第 1 次印刷
书　　号：	ISBN　978-7-5534-1491-1
定　　价：	29.80 元

前　言

　　父母在孩子的成长过程中，一直扮演着双重角色，即家长和第一任老师。父母正确、科学的教育方法，直接影响着孩子的一生。换句话说，孩子的第一堂课，是由父母完成的。所以说，父母对孩子的早期教育具有重大的意义。

　　古今中外，许多伟人在幼年时期，都经受过良好的家庭教育，为他们日后的辉煌奠定了坚实的基础。比如德国伟大的诗人、剧作家歌德的成功，与家庭教育有着密切的关系。当歌德两三岁的时候，父亲就经常把他带到郊外去，让他观察大自然中形形色色的事物，从而培养了他的观察力；当他三四岁的时候，父母只要有空，就教他唱歌、背歌谣以及讲童话故事，并且在家庭聚会或人多的时候，让他当众演讲，培养他的语言表达能力……就这样在父母的正确培养下，歌德从小便养成了勤于思考、乐于学习的好习惯。当他8岁的时候，就表现出了超越同龄孩子的能力，这个时候的歌德就能用英、德、法、意大利、拉丁和希腊语阅读各种书籍。到了14岁的时候，他开始写剧本。25岁时在短短一个月的时间内，他完成了经典小说《少年维特的烦恼》。

另外，我国晋代以"父子书法家"著称的王羲之、王献之，现代文学大师郭沫若、茅盾等名人的成长过程都说明了家庭教育对早期智力开发是十分重要的。如果孩子在幼年没有经过良好的家庭教育，势必会对他们的智力发展造成不良影响。如印度"狼孩"卡玛拉，从小被狼叼走，8岁时被人发现，但其生活习惯已与常人两样。他用四肢爬行、吃生肉、昼伏夜行。后来经过人为的训练，2年后卡玛拉才能站立，6年后才像人一样行走，4年内学会了6个单词，17岁时智力水平仅达到3岁孩子的水平。

可见，父母的教育对孩子来说是多么重要。其实，父母们早就认识到家庭教育的重要性，父母一方面信誓旦旦要把孩子培养成天才或神童，一方面又为找不到科学的教育方式而苦恼不已，因为父母虽然整天和孩子在一起，但是无法真正走进孩子的内心世界。那么，该怎么帮助父母走出迷津，正确教育孩子呢？

本书就是一把启开孩子心灵的金钥匙，让每一位父母真正地去了解孩子，认识孩子，教导孩子。阅读本书，您会发现，培养孩子早成才，就像一层薄薄的窗户纸，轻轻地用指尖一捅，您便华丽转身成为一位优秀的儿童教育家。孩子在您的教导下，也会愉快而健康地按照您的心思茁壮成长！

目　　录

第一章　教育孩子要趁早

第二章　诱发孩子的潜在能力

第三章　帮孩子树立从小做强者的观念

第四章　提高孩子的IQ和EQ

第五章　这样做可以提高孩子的成绩

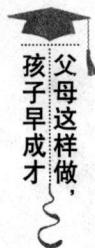

第六章　坚决不做坏爸爸

第七章　妈妈的教子心经

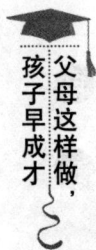

第一章
教育孩子要趁早

父母对孩子的早期教育影响着他们的一生。国外一位权威的教育专家曾说过，智力从孩子出生就已经形成。在孩子的成长阶段，进行合理、科学的教育，孩子会给予我们意想不到的惊喜。而在教育孩子的过程，趁早教育，也是每一位父母必做的事情。想办法去引导孩子，让孩子在快乐中获取相应的知识，而不是采用填鸭式或喝棒式的教育方法。

早期教育的重要性

教育专家蒙台梭利女士特别重视孩子的学前教育，她强调父母应该在孩子出生到上学前的几年间，注重培养孩子的想象力、创造力、自我照顾能力、照顾别人的能力、控制情绪的能力、观察力等能力，使孩子茁壮成长。

一、及早训练效果好

一些主张早期教育的学者们相信孩子的能力越早锻炼，效果越佳，对孩子的成长越有利。

在蒙台梭利的合理建议以及父母的正确引导和培养下，从幼儿开始，孩子的智力是有可能发展到一个峰值的。

例如，与生俱来的能力具有100度的"可能能力"的孩子，如果孩子出生后就接受合理、科学的教育，等到孩子长大后，就可能成为一个具备100度能力的成年人。

如果从5岁开始对孩子实施教育，即使教育方法十分出色，其能力只具备80度能力（到了成年）。

如果从10岁开始对孩子实施教育的话，即便教育得再好，孩子也只能成为具备60度能力的成人。

换句话说，教育开始得越早对孩子越有利，孩子能及早地开动他们的

脑筋，让他们的大脑得到有利的锻炼。相反，对孩子的教育越晚，"可能能力"的实现就相对愈少。

二、可能能力的发达期

可能能力理论来源于动物能力发展的科学发现。

动物的"可能能力"均有自己的发达期，而"发达期"是一定的固定时期。如果在这个时期不让它发展的话，那么就可能永远也不能再发展了。

据观察，小鸡出生后大约4天之内，就有"追随母亲的能力"，如果在这短短的4天内不让它见到母亲，那么也许它将永远不会拥有这项"追随母亲的能力"。

另外，小鸡"辨别母鸡声音的能力"的发达期大致在出生后8天之内，如果在这段期间把小鸡隔离开来，不让它听到母鸡的声音，那么这只小鸡辨别自己母亲的能力就永远丧失了。

一位权威的教育专家曾经说过，由于现代家庭比较重视教育，大多数10至12岁的孩子都在上学，所以很少有优秀的游泳高手了。因此，要培养一位优秀的游泳高手一定要在孩子大约10岁时，就对其进行培训。那些奥运游泳金牌的获得者，几乎都是从小时候开始培养的，从而充分说明了早期教育的重要性。

一个人学习的黄金时期有如下几个：8岁前学外语、5岁弹钢琴、3岁拉小提琴等关键期。如果错过了这段开发时间，孩子的某些先天性的才能就有可能得不到长足的发展，有可能让有能力的人变得能力低下，成为一个普通的人。

三、准确把脉孩子的学习黄金期

中国的传统智慧很有实用性，这一点，已经被越来越多的西方科学家实验证明。曾有一篇权威文章指出，孩子智力的成长时期是存在最佳阶段的，而这个最佳阶段也存在一定的时间限制，这与中国的"3岁定80"的传统说法不谋而合。同时，各方面的科学研究表明，儿童早期教育十分重要，它对智力的发展起到了决定性的影响。

教育专家指出：音乐能够激发幼儿智力的发展，能刺激大脑高级形式的思维。3岁的孩子受半年音乐训练后，其空间辨识能力比没受音乐训练的孩子高。这些能力可以转移进而增强孩子数理推理能力。由此可见，幼童学前教育阶段的歌唱、游戏等活动在智力开发上占有重要一席，父母们不可等闲视之。

另外，体育运动对孩子的发展亦是非常重要的，经常从事活动的孩子比不喜欢体育活动的孩子发展得要好，这主要是因为体育活动使孩子获得足够的阳光和氧气，这样更有利于身体获得养分，从而使头脑灵活，学习成绩比其他孩子更好。

1岁开始对孩子进行数学、逻辑推理的训练，在3岁可培养其音乐兴趣和基本技能。至于第二语言能力、词汇训练、视觉练习、情绪控制、社会群体性和情感发展以及肌肉操作运动的发展，都在孩子出生后不久，在适当环境下进行。早期发展是孩子学习的黄金时期，当孩子失去了早期学习的机会，以后学习起来，便会事倍功半了。

幼教心理学家特别强调，适当地在幼儿出生后，顺着幼儿身心发展进行教育也十分重要。

天才儿童是培养出来的

一、成为天才儿童的基本因素

每位父母都希望自己的孩子是天才,那么天才究竟从何而来,成为天才儿童需要具备哪些因素?

首先,孩子必须具备良好的先天素质。素质在心理学上指人的神经系统和感觉器官上的先天的特点。研究表明,营养会影响胎儿和婴儿脑细胞的数量。营养不足可以造成脑细胞数量低于正常的数量。脑细胞的数量和质量,直接影响人的智力发展。

大量研究发现,婴儿生来就具有一定程度的天赋素质,这些天赋素质是成为天才的基础,在某种意义上甚至可能是决定条件。例如,有些文学家、艺术家、音乐家生来就对某些问题非常敏感,到三四岁时就有了惊人的成就。

但优良素质并不意味着必然成才,古今中外大量事例证明,有了良好的素质,如果没有受到良好的教育,没有充分实践的机会,也会成为平常的人。应该说,良好的先天素质是天才发展的必要前提,但环境和教育则起决定作用。

其次,有必要对儿童进行早期智力的鉴别和针对性教育,这对天才的发展起决定性作用。许多杰出的科学家、艺术家、文学家、发明家在某方面的优异能力在童年时期就表现出来了。近代控制论创始人维纳4岁阅读大量书籍，9岁入高中，14岁入大学；中国唐代大诗人李白"5岁诵六甲，10岁观百家"；王勃10岁能赋诗……这样的事例不乏其人。

能力的早期表现为提早鉴别儿童能力水平及教育提供了可能。父母在孩子开始接受教育时，就要努力使孩子养成良好的学习习惯，并让孩子对学习保持兴趣；如果孩子较早地显露出某种超群的才能和兴趣，父母就应给他创造更多的条件发展这方面的才能和兴趣。

研究表明，环境和教育在智力发展极为迅速的幼年时期影响最大，这就说明，儿童智力特点的早期鉴定和针对性教育对天才儿童的发展起决定性作用。

最后，实践活动是天才儿童成长的摇篮。智力是在改变客观现实的实践活动中发展起来的。大量研究表明，人的许多能力是在使用中积累的，不同的活动积累了不同的能力。实践活动不断地向孩子们提出要求，并成为了孩子的一种需要。因此，在实践活动中，孩子们需要努力克服困难，在这个过程中，孩子的能力也得到了高度发展。专业性活动对孩子提出特殊要求，同时发展了他们的特殊能力。

二、天才儿童的能力品质

通过对许多天才儿童的测查和追踪研究表明，他们较一般儿童有较高的智力，在他们的智力结构中显现出4种最重要的能力品质。

1. 良好的记忆力

记忆力因人而异，一般来说，聪明的学生总是能比较容易把所学的知识和实践结合起来。天才儿童有时可能学习很慢，但不一定是他的记忆速度差。这可能是做事谨慎，习惯于考虑各种细节，他可能想到多种可能和

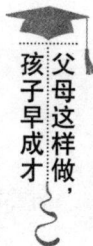

含义，因而需要更多的时间选择他认为是最准确的答案。

2．创新能力

物质生产方面的进步有赖于个人的创造能力，这也是天才结构中的重要组成成分。当儿童绘出奇特的图画、唱出与众不同的调子、朗诵韵律不合的诗歌时，再与同龄儿童之间进行比较，可以发现他们的创新能力。

3．观察问题的敏锐和机警

聪明儿童能敏锐地观察对他来说是新鲜的事物，并能注意到细节。在课堂上听课总是全神贯注，绝不分心，随时准备回答教师提出的问题，他们的洞察力在一切领域都是有价值的。例如，对人的观察，既能看到一个人的缺点也能看到他的优点，能很快地得出正确的结论。

4．独立的思维能力

天才儿童有高度的分析和概括能力，有较好的逻辑思维并具有正确的推断能力。他们经过考虑能预见事物的后果，可以判断他自己或他所在集体所做的实际工作能否产生令人满意的结果；他常常把自己的工作与其他的工作进行比较并做出判断，能够找出问题与需要改进的地方。

中国科学院心理研究所对4名天才儿童所做的研究表明，他们对图形知觉推理正确反应率、数学概括推理正确反应率以及类概念分类正确反应率比一般儿童都高得多。

上述各种能力在绝大多数天才儿童身上都有所表现，而且是完美地结合在一起。不过，每种单独能力的表现程度则有所不同。

三、天才儿童也需要培养

有些儿童在某些方面有着超常的表现，这也可说是天才最初的表现吧！

那么父母又如何才能知道孩子在某一方面是天才？这就要家长留心观察孩子对学校的哪一门功课特别爱好，或成绩特别优异。

普遍来说，如果是具有天才的孩子，入学以后，很自然就会流露出来，在很短的时间内就有所表现。比如喜欢音乐的，他可能过耳不忘，听过一次，就可以把音调哼出来。家里有乐器，他就会爱不释手，一有空就弹弹吹吹，试验用不同方法去奏出不同的声调；若是喜欢绘画的，一纸一笔在手就会画出不同的人物和花草，而且绘画的笔法和颜色的搭配很明显比同年龄的孩子突出。他们花在乐器或绘画上的时间往往相当长，而且他们的兴趣也能够维持一段长久的日子。

父母观察到以上的表现，就应该知道孩子可能在某个方面有天赋。如果家庭经济富裕，而时间又容许的话，不妨尝试着引导孩子，由父母或亲友按时加以训练，或聘请专业人才教授。父母有机会就常常带领孩子去参观这方面的展览或表演，甚至鼓励他们参加演出或比赛，给他们观摩和临场的机会，让他们观察别人的技艺，比较自己的成绩。但最重要的还是父母对成败所采取的态度。如果父母对演出和比赛有正确的观念，不重视成败，只集中获取经验，孩子成功时就不会目空一切，自视过高；失败了也不会灰心丧气或就此放弃。

但这里须提醒家长一点的是，家长可以辅助孩子去发展他们的才艺，增进他们的学习兴趣，但不能勉强他们去学习。否则有如逆水行舟，费时失事，徒然增加孩子的负担。

后天培养可以提高孩子的智商

一、用正确的教育方法使孩子的头脑无限发展

孩子聪明与否，除了天赋外，外界环境对孩子智能的发展是有很大影响的。

教育在儿童的智力发展中起主导作用，正确的教育可使儿童的智商大大提高。教育对人的影响，实质上是一种环境的影响。教育是一种特殊的环境，它是有目的、有组织、有系统、有计划的培养人才的环境。儿童在接受教育，掌握知识和技能的同时，也发展着自己的智力。

是不是在任何时候实施教育，都能产生类似的效果？不！很多动物实验都证明，动物在出生后的某段年龄时期，学习掌握某种技能比其他时期要快。人们把这个时期称为学习某种技能的关键期，或称敏感期。错过这个时期，动物则难以掌握这种技能。在对儿童进行教育时，也有类似的现象。

研究证明，儿童各种能力发展是有阶段性和时间性的，切不可失去时机。例如某些关键期为：

口头语言发展的关键期是在2至3岁。在正常言语环境中，这个时期儿童学习口语最快、最巩固。相反，在这个时期完全脱离人类的语言环境，其后很难再学会说话。

儿童对图像的视觉辨认的最佳期是在4岁之前。

学习书面语言的最佳期是在4至5岁。

儿童掌握概念的最佳年龄是5至5岁半。

儿童掌握词汇能力最佳时期是在5至6岁。

因此，在儿童智力发展的关键期，进行恰当的良好的早期教育，儿童的学习效果就好，其智力也会得到最充分的开发。反之，即使是一个优秀的儿童，他也有可能甚至永远无法达到他原本应该达到的水平。

另外，在教育孩子的过程中，父母还须注意采取恰当的教育方式、方法，才能产生更好的教育效果。

有的孩子本来智力发展得很好，但父母"望子成龙"心切，规定孩子每天做多少数学题，背几首古诗，练几小时琴……给孩子提出不恰当的、超负荷的要求。这样，学习成了孩子的沉重负担，进而孩子对学习产生厌倦情绪。结果，孩子的智力不仅得不到充分发展，甚至影响孩子的智力发展。

有的孩子智力较差，若得不到父母的耐心教育和鼓励，也可能自暴自弃，失去信心，以致会影响以后的发展。

二、使用最佳的教育方式

为了教育孩子，父母不知花费了多少苦心，但是往往收不到预期的效果。

太严格的教育，容易造成亲子间的对立，使得孩子离家出走，误入歧途。而父母若是太娇宠孩子，又担心孩子变成社会败类。父母教育孩子太严或太松而造成的悲剧真是太多了。那么父母到底该采取哪种教育方式呢？有没有十全十美的教育方式呢？毫无疑问，答案是否定的。

曾有人说："教育无捷径。"事实上，由于每个人的家庭背景、生长

第一章 教育孩子要趁早

11

环境及个性的差异，因此不是一种教育方法适用于每个人。无论哪一种教育方法，都不是金科玉律，都只能作为参考。

父母不应无条件地将所有的教育理论、教育方法均奉为准则，依照准则教育孩子，而无视孩子的情绪反应和需要，这一点务必请慎重考虑及注意。父母在教育孩子时，最好能够配合孩子的不同需求与情绪变化，并相信孩子，同时能够多尝试一些不同的教育方法，如此才能处理好亲子间的问题。

概括地说，教育孩子应该从环境、父母本身和孩子三方面入手。做父母的应该努力给孩子创造一个适合其健康成长的环境，如和谐的家庭、良好的学习环境；父母再根据孩子的性格、特点，做到疼爱而不溺爱，严格而不粗暴，以身作则，做合格的父母，并注意多和孩子沟通、交流，既成为孩子的严师又做最好的朋友。

在对孩子的教育上，父母应让孩子德、智、体全面发展。在孩子智力培养上，父母要注意孩子早期的智力开发，抓住各年龄段的智力发育特点和自己孩子的兴趣、爱好进行有针对性的培养，培养孩子学习的兴趣和良好的学习习惯及科学的学习方法，并注意对孩子的创造力和综合运用各种知识能力的开发和培养；在体育方面，培养孩子养成运动的好习惯，保持一个健康的身体，并应注意让孩子养成良好的生活习惯。在孩子品德培养上，从日常生活中时时注意培养孩子的自信心、自尊心、自制力、善良而坚强的性格及良好的生活自理能力，让孩子经常保持快乐的情绪和勇于探索的精神。

只有这样，您的孩子才能顺利地茁壮成长，在您平凡的家庭里，才能培养出一个天才。

三、影响孩子智力发展的不良教育方式

1. 放任式教育

有一些父母在"父母是父母，孩子是孩子"的想法影响下，凡事都以自己的生活为中心，不经常关心孩子的事，放任孩子为所欲为。在这种情形下，孩子将会在心理上产生不安的现象。时间长了，会导致孩子形成自私、懒散任性的性格。

根据一位心理学家的调查，生活在放任性家庭的孩子，其智力会逐渐下降。因为一向生活在自由自在环境下的孩子，一旦遭遇困难和危机，就会尽量设法逃避。长此下去，其自信心必会逐渐丧失，智力也会逐渐下降。

所以父母无论如何都应该腾出一些时间与孩子相处，多关心孩子的生活。

父母完全让孩子自由地做自己想做的事，培养他的自主性当然是对的，然而他毕竟只是孩子，所以仍应给他适当的管束。父母根据孩子的能力、脾气与个性，给予他适当的帮助，再以本身的见识、经验来判断孩子的行为。但是，仍然应尽可能在孩子的一般日常生活中，采取多称赞、多鼓励的教育方式。

2. 过度保护型教育

对孩子关心爱护是好的，但如果过分关心、干涉孩子的生活，就像是把缰绳拉得太紧，勒得孩子喘不过气来，不能自由自在地活动，孩子将会缺乏朝气。

在这种教育方式下成长起来的孩子，依赖心很强，没有能力处理任何事情，因而变得毫无自主性。而且，即使他拥有丰富的知识，也可能缺乏

独立思考的能力和独创性。于是孩子遇到事情就容易有满脑子的理由和借口，在生活上表现得很幼稚，而毫无实际行动的能力，连头脑原有的优势也会慢慢丧失。

希望父母能够认同让孩子自由活动的看法，将监护孩子的尺度再放松一些。当父母想动手或动口时，先稍微克制一下自己的念头，试着让孩子做做看。若与一个害怕失败而什么事也做不成的孩子比较起来，有强烈意愿去尝试任何事的孩子，他的未来更具有发展性。

3. 支配型教育

虽然对孩子采取严格的教育并没有什么不好，但也不能忽视关心与爱护对孩子成长的重要性。

在支配型教育方式下孩子是很难感受到父母的关心与爱护，而父母一般也不太考虑孩子的情绪，经常以自己的权威来命令或禁止孩子的行为。

在这种教育方式下成长起来的孩子一般缺乏自主性、自信心，不敢主动做什么，做事时也只顾察言观色、表里不一，即使在表面上依从父母的话，内心却对父母抱有极大的反感。若想改变这种状况，父母就必须在生活中多给孩子亲切的关心和爱护，多认同孩子所做的事，并为他们感到高兴，由这样的沟通让他们感受到父母的爱，自然而然地，他们的行为会愈来愈符合父母的期望。

父母不应只采取高压政策而期望孩子能全盘接受此种教育方式，事实上，适时地考虑孩子的需求是必要的。同时，父母要相信孩子的能力，放心地让孩子去试试看，当孩子凭着自己的能力完成事情时，请别忘了给他一些称赞。

4. 娇纵型教育

父母疼爱孩子当然很正常，但若是一味溺爱就不对了。孩子虽然很可爱，但对于他们的要求也应该先考虑一下，哪些是对他们有益的，哪些只是在无理取闹，不能孩子一提要求，便马上全部答应。因为这种娇纵型教育方式，看起来好像能使孩子幸福，但事实上并不是正确的关爱方式，只会造成反效果。

在这种教育下成长起来的孩子，完全以自我为中心，心理幼稚，难以控制自己的情绪，动辄勃然大怒、吵闹不休，并且时常会得寸进尺、贪得无厌。此外，他只敢在家里作威作福，出了门就缩头缩尾，名副其实"在家一条龙，出门一条虫"，所以这种孩子长大后，生活必定十分辛苦。

对于父母的行为，孩子通常是不分好坏而全部接受，所以父母应做到：孩子的行为不当时，应立即制止，并在日常生活中，教他们辨别是非善恶。

斯特娜夫人的"杰作"

斯特娜夫人是一位非常成功的母亲，因为她用科学而有效的早期教育方法把她的女儿维尼夫雷特培养成了一位天才女童。在她的训练下，维尼夫雷特从3岁起就会写诗歌和散文，4岁时便能写剧本。她的诗歌和散文，从她5岁起就被刊载在各种报刊上，其中有的已汇集成书，博得好评。

斯特娜夫人不但把自己的女儿培养成才，她更希望天下的父母都来重视孩子的早期教育。为了给世界上其他父母以有益的启示，她把自己教育女儿的亲身经历写成了《M·S·斯特娜的自然教育》一书。书中她所介绍的教子方法很值得今天的父母们学习。

斯特娜夫人对女儿的培养是从训练五官的感知能力开始的。她首先训练的是女儿的听力。

斯特娜夫人知道，母亲的悦耳歌声是极其重要的，可是，她不会歌唱，非常为难。好在她想出了另一个办法，即对婴儿轻轻地朗读威吉尔的诗《艾丽绮斯》，效果很好。当她对女儿轻轻地朗读这部诗时，女儿便能马上静下来并很快入睡。当然，一定要选择女儿喜欢听的诗歌。

在维尼夫雷特出生后六周，斯特娜夫人就对她朗读各种著名的诗歌。随着斯特娜夫人朗读诗歌的语调的变化，孩子的反应也在变化，或安静，或兴奋。用上述方法进行教育，维尼夫雷特满1周岁时就能背诵《艾丽绮斯》第一卷的前十行和《他的逝世》了。

斯特娜夫人还每天让女儿听古今的名曲。她还为女儿买来能发出乐谱七个音的小钟，分别拴上红、橙、黄、绿、青、蓝、紫色的发带，给它们分别起名叫红色钟、橙色钟、黄色钟等，并每天敲这些钟让她听。女儿还不到6个月时，就能按她说的名称——青色钟、紫色钟等准确地敲钟了。斯特娜夫人认为，这是同时形成声音和颜色观念的有效方法。

为了培养孩子的观察能力，斯特娜夫人在孩子房间的四周挂上了各种名画的摹本，及陈列大量著名的雕刻仿制品。从女儿小时候起，斯特娜夫人就抱着她识别屋中的各种物品，如桌子、椅子等，并将这些物品的名称念给她听。同时，也将屋里所挂的名画和雕刻的名称念给她听。据她观察，孩子起初只注意画的颜色，渐渐地也懂得了画中的含义。这种方法不仅培养了维尼夫雷特的观察力，而且还开启了她学习说话的能力。用这种方法进行教育后，维尼夫雷特刚满1周岁时，就什么话都会说了。人们见了都很惊奇。斯特娜的丈夫也非常兴奋，当人们夸赞维尼夫雷特时，他就对别人说："因为我妻子从女儿降生时就开始教她说话，所以她的语言发展到这种程度是很自然的。"

在孩子智力的开启中，绘画的功能是非常重要的，能在善于绘画的母亲的培养下成长的孩子是非常幸福的。由于斯特娜夫人认识到绘画的重要性，在维尼夫雷特还不懂事的时候，就准备了许多美丽的花草和鸟兽的画给她看，还让她看有美丽图画的小人书，并读给她听。她总是能安静地听着。这表明孩子尽管什么都还不懂，但已对母亲的声音和画的颜色开始感兴趣。此外，斯特娜夫人还经常把同女儿谈话的内容绘成图画，用这种方法增长女儿的知识。当然，对那些有害于孩子的品德和兴趣的图画，她是绝不会给女儿看的。

为了培养女儿对色彩的感觉，斯特娜夫人还买来了检查色盲时使用的"测验色系"来作为女儿的玩具。用这种玩具可以开展各种游戏。她还给女儿买来了五颜六色的非常美丽的小球和木片，这些都是非常适合孩子玩具。维尼夫雷特的各种布娃娃也都穿着色彩鲜艳的服装。斯特娜夫人利用这些玩具，努力培养维尼夫雷特的色彩感。

蜡笔对于孩子也是很好的玩具。斯特娜夫人经常利用蜡笔同女儿进行"颜色竞赛"游戏：在一张大纸上，斯特娜夫人先用某种颜色的蜡笔画一段线，然后女儿也用同样颜色的蜡笔画一条同样长度的平行线。就这样一直接着画下去。假若女儿使用的蜡笔与斯特娜夫人所用的颜色不一样，这个游戏就不再继续，女儿就输了。

维尼夫雷特一会走路，斯特娜夫人就经常带她去散步，并让她注意海水的颜色、树林的颜色、天空的颜色、草原的颜色、建筑物的颜色和人们服装的颜色等，这都是为了提升她的色彩感。

为了让女儿养成敏锐观察事物的习惯，斯特娜夫人还和女儿经常玩一种叫作"留神看"的游戏。每当路过商店等的门前时，她就问女儿这个商店的橱窗内陈列着哪些物品，并让她在记忆中搜列这些物品。孩子能说出的物品当然越多越好。如果女儿记住的物品还没有她能记住的多，就要挨批评。这一游戏对提高孩子的记忆力是十分有效的。由于坚持这样的训练，年仅5岁的维尼夫雷特就能在纽约州肖特卡大学的教授们面前，把《共和国战歌》（美国有名的军歌）朗读一遍后一字不差地复述下来，这使教授们大吃一惊。

通过鲜活物品教会孩子各种形容词。在维尼夫雷特出生后第六周，父亲曾给她买了些红色气球，把气球用短绳系到她的手腕子上，气球便随着手的上下摆动而上下摇动。以后，每周都给她换一个其他颜色的气球。通过这一办法，父亲便能轻而易举地教给她红的、绿的、圆的、轻的等形容词，而且她对这一学习方式非常感兴趣。

在尝到这种学习的甜头后，斯特娜夫人还让女儿手拿贴有砂纸的木片和光滑的物品，教给她粗糙、光滑等形容词。当然，这种教育方式也有一些负面效果，如婴儿往往爱把手上拿的物品往口里放。不过，父母只要多加留心，孩子就不会养成这种习惯。

斯特娜夫人对女儿进行的这些教育都不是强迫性的，她只是在一旁努力地、积极地引导着女儿，使女儿自身乐意学习。

教语言是开发孩子头脑的手段。斯特娜夫人非常相信这一点：父母们若能在孩子6岁以前加紧教准确的语言，那么这个孩子就一定会发展得很快，而且其速度是其他孩子无论如何也赶不上的。

据斯特娜夫人观察，社会上有不少人受过很好的教育，但发音不准，语法也不对，这是他们在幼年时期所受不良教育的恶果。为此，斯特娜夫人对女儿语言的教育非常重视。她绝对不教给孩子不完整的话。这种完整的语言教育从一开始就产生了很明显的效果，正如巴尔博士所说的那样，教一岁的婴儿拼音是很容易的，没有任何理由一定要教婴儿不完整的话。维尼夫雷特还不到一岁，有位朋友对她说："维尼夫雷特，我想看看你的汪汪。"她纠正说："这不是汪汪，是狗。"对此，这位朋友感到非常震惊。

斯特娜夫人认为，教孩子语言，不应采用教语法的办法，而应当通过听和说来教。她观察到：孩子都喜欢说话，从小时候起，他们就常常一个人把学到的单词反复地说着玩。斯特娜夫人利用孩子的这种倾向，把孩子能理解的有趣的故事，用精选的词句组成短文，让女儿记住。结果女儿不仅能很快地记住，并总是高兴地复述着。以后，斯特娜夫人把这些短文翻译成各种外国语，让女儿记住。她也能很快地记住。斯特娜夫人认为，在人的一生中，1至5岁可能是最有语言才能的时期。

教孩子外语时要循序渐进。在教孩子语言方面，斯特娜夫人决心让女儿尽可能早地打下一门主要外国语言的基础。为了达到此目的，她先让女儿背诵《艾丽绮斯》。在女儿尚未很好地掌握英语之前，她不教女儿其他的外国语言。尽管有语言学家认为，孩子能同时学会两到三个国家的语言，但根据她的经验，这可能使孩子在学习上很吃力，而且弄得不好，孩子哪一国语言也学不好。

在维尼夫雷特能流利地说英语之后，斯特娜夫人便不失时机地教她学西班牙语。为什么选教西班牙语呢？因为在欧洲各国的语言中，西班牙语是最简单的。妈妈教女儿西班牙语的方法也同教她英语一样，即仍然先从训练听力开始。

从维尼夫雷特的例子又一次证明，孩子学习外国语言的能力很惊人，当维尼夫雷特5岁时，她实际上已能用8个国家的语言表达自己的思想了。而且斯特娜夫人感到，假如她继续教的话，女儿可能会10个，甚至20个国家的语言。

维尼夫雷特从5岁起，就开始教其他孩子学世界语。她的教法不仅借用妈妈教她时所发明的各种游戏方法，而且，她自己为了达到教学目的，还发明了各种新的语言游戏。

当时在美国曾召开过国内世界语大会。会上，维尼夫雷特朗读了普林斯顿大学马库罗斯基教授作的诗（因为个子矮，她是站在桌子上朗读的）。接着，5岁的她和年过70的白发苍苍的马库罗斯基教授使用这种世界通用语做会话表演。如此生动的场面确实十分感人，在他们的感召下，与会者中又出现了许多世界语赞同者。而后，维尼夫雷特又用普赖厄的世界语读本对听众进行了世界语教学。

与外国孩子通联会丰富自己的知识，所以维尼夫雷特常给会世界语的外国孩子写信。她是在"世界语年报"中找到他们的名字和地址。她对那些给她回信的孩子所在的国家也很感兴趣，还兴致勃勃地研究起他们的地理和风俗习惯。为此，斯特娜夫人意识到，要使孩子对地理感兴趣，最好让她同学习世界语的外国孩子通信。并且，采用这种办法，可以逐渐加强她与其他各国家公民之间的相互了解。

有人担心给年幼的维尼夫雷特安排众多的活动和训练会影响到维尼夫雷特的身体健康，怕她吃不消，可是别人的这一点儿担心完全是多余的。因为斯特娜夫人同样重视女儿的健康。她让女儿保持健康的秘诀就是运动。每天维尼夫雷特都得运动一段时间，风雨无阻。维尼夫雷特的身体相当好，当她和一个比她大2岁的男孩玩球时，无论是投球、跑或跳，维尼夫雷特都不亚于他。

重视儿童的"敏感期"

著名教育专家蒙台梭利认为，儿童心理发展过程中有一个"敏感期"，在"敏感期"中，儿童表现出对于某种事物或活动特别敏感或产生一种特殊兴趣和爱好，是教育的最好时机。但是，这种现象经过一定时间便随之消失。因此，父母必须随时留心观察儿童的实际生活及其表现，发现和把握儿童在各个阶段出现的这种心理现象，并及时地进行引导、帮助和鼓励，否则将对儿童的发展造成难以弥补的缺陷，因而埋没了儿童的某些特殊才能。

一、"敏感期"即学习的最佳时期

儿童是怎样从一无所知到适应于这个复杂的世界的呢？他们怎样辨别事物，并通过不可思议的手段，在没有教师而仅仅依靠生活的情况下，毫不疲惫和愉快地学会一门语言，并掌握了它的所有细节的呢？而一个成人适应一个新的环境，学会一门他感到沉闷乏味的新语言却需要不断的

帮助，并且永远也不可能像儿童掌握自己的母语那样完善地掌握这门新语言。

儿童是在他的"敏感期"里学会自我调节和掌握某些东西的。儿童在"敏感期"内对外界充满了兴趣。在这时期，他们轻松地学会每件事情，对一切都充满了活力和激情，每一个成就都表明他们力量的增强。

儿童生长中涌动着不断出现的"敏感期"，就像潮水一样一个潮头接一个潮头地次序涌来。在一种稳定的节律中，儿童从一种心理满足到另一种心理满足，由此构成了他的欢乐和幸福。正是这种纯洁心灵的火焰，燃烧得无息无止，人的精神世界的创造性才渐趋完美。当这个"敏感期"消失之后，经过思维的过程、主观的努力和反复的温习，智力成果表现出来了。但是父母要注意儿童情绪在此之间的变化，如果儿童变得异常，说明他的正常生长受到了障碍，自己不能排除。目前人们对儿童心理上的创伤知之甚少，儿童的伤痕大多数是由成人无意中烙上去的。

当生气勃勃的活动遭到外界障碍的阻挠时，儿童会有强烈的反应，表现出哀伤。由于用大于理性世界的逻辑无法解释孩子本能刺激下的活动，于是人们则认为他们"瞎想""任性"或"发脾气"。

"敏感期"只是导致孩子生气的可能原因之一，父母的态度使小孩情绪恶化的可能也是存在的。"瞎想"在"敏感期"会产生一种负面影响，阻挠儿童心理的成熟。

人们时常可以看到，儿童在经历了一种似乎是病态的激动不安状态之后突然变得平静了。儿童在"敏感期"发脾气是他们的需要未得到满足的外部表现，例如对某种危险的警觉，或感觉到某些事情处置不当。只要满足需要或消除危险，这种外部表现也就随之消逝了。

二、不可随意打断儿童的思维

一个6个月的儿童正坐在地板上摆弄一只枕头。枕套上装饰着花和儿童的图案，他正兴奋地闻着图案上的花和吻着图案上的儿童。这个孩子的妈妈认为他如果能闻和吻其他东西也会高兴的。于是，她急忙给这个孩子拿来许多东西说："闻这个！吻这个！"结果呢，孩子的心灵被搞乱了，因为它正处于组织自我的过程中，通过识别图像并把它们固定在记忆中，由此幸福而平静地进行内部构造工作。

通常情况下，父母只知道顺着成人的逻辑，去随便打断孩子的所作所为来完成自己的决定，却不知这可能压制儿童的基本欲望。

儿童保留他所得到的清晰印象是绝对必要的，因为只有当这些印象清晰，并且对它们进行了区分之后，儿童才能形成自己的智力。

三、抓住敏感期，培养儿童的观察力

教育专家认为，从外部事物所得到的印象似乎能敲响感官的大门。然后，这些印象在心里一旦形成，通过相互间的逐渐联合，便结合成一系列的组织知识，于是智力得以构成。

有句老话："智力中没有一样东西最初不是源于感觉的。"儿童是一个积极的观察者，通过感官产生印象，但这并不意味着他什么都照单全收。一个真正的观察者是在一种内在的冲动、一种感觉或特殊的兴趣支配下而行动的，儿童也正是这样与世界相处的。每个人只能看到一个物体的一部分，就是说他是根据自己的情感和兴趣来看它的。因此，同一物体被不同的人用不同的方式描述着。

有人可能会问："儿童凭什么来进行选择？"显然，不可能存在用外部的刺激来引发儿童的兴趣的可能。儿童始于一无所有，并独自向前发展。这是儿童的理性，理性就是儿童选择的凭借。各种印象被梳理排列起来为理性服务，儿童用他的最初的印象来扶助理性。我们甚至可以说，对这种印象的吸收，儿童则表现得如饥似渴，甚至有些贪得无厌。正如我们都知道的，儿童会被光、色彩和声音强烈地吸引住，并因此感到极其快乐。很明显，儿童的精神状态值得我们尊重和给予帮助。儿童从一无所有开始，发展他的理性——人的特有品质。这条规律在婴儿诞生的最初已经产生作用。

举一个例子：一个出生只有4个星期的婴儿，从未被带出过他出生的那幢房子。一天，一位保姆正抱着这个婴儿，这时，这个婴儿同时看到他父亲和碰巧住在同一幢房子里的他的叔叔。这两个人身高差不多，年龄也相仿。这个婴儿吃了一惊，害怕看到这两个人在一起。在这个婴儿的视力范围内，他俩一直分开，一个到右边，一个到左边。这个婴儿转过头来看看其中一个，对他凝视了一会儿，突然笑了起来。

但是后来，婴儿突然变得忧虑起来。他迅速地转过头看着另一个人。他重复地把头左右转动好多次，脸上交替地显示出忧虑和宽慰，直到他终于认识到实际上是两个人为止。他们俩跟他在不同的场合见过，都把他抱在怀中，充满深情地跟他说话。但他从来没有看到过这两个男人在一起的时候，他断然认为只有一个男人。当他突然遇到两个男人时，他就变得警觉起来。

婴儿从周围混乱的环境中分离出来了一个男人，然后当他遇到另一个男人时，他发现了自己的第一个错误。

婴儿从一诞生就存在着精神生命，如果人们不懂这一点，就不能在儿童获得更多意识的过程中帮助他。

四、认识儿童的秩序敏感期

在儿童出生后一至两年的时间中，儿童进入了一个对秩序极端敏感的重要时期。

事实证明，儿童对秩序的敏感是天生的。儿童们认为，如果某些物品不按照特定的秩序摆放，就失去了意义。一个认识各种物体但不了解它们之间的相互关系的人，就像一个生活在混乱状态之中的人不能摆脱困境一样。正是在童年的生活中，人们学会了在生活道路上指导和指引自己。

儿童生活在一个堆满很多东西的封闭环境里，成人出于不被儿童所理解的原因移动和布置这些东西，这时儿童对成人这种难以言传的态度是很难形成一种判断的。如果儿童过了对秩序的敏感期，那么，映入眼帘的这种紊乱就会成为他发展的一大障碍，成为变态的原因之一。

儿童在出生后的第一个月便对秩序产生了敏感，看到一些东西置于恰当的地方时显得很高兴，从中可以看出儿童对秩序敏感性的积极表现。

秩序与儿童到底有何关系？从很多儿童游戏中我们发现，秩序使婴儿产生快乐的感觉，但是这种秩序并非成人的秩序。它们所能提供的唯一乐趣是在适宜的地方找到一些物品。在做进一步的简述之前，有必要提一下日内瓦的皮亚杰教授对自己的孩子所做的一项实验：

皮亚杰教授把一件物品藏在一把椅子的垫子底下，然后把他的孩子打发出这间屋，他拿起这件物品并把它放在第一把椅子对面的另一把椅子的垫子底下。皮亚杰教授希望他的孩子会在第一块垫子底下寻找物品，当他找不到后，会到另一块垫子底下去找。但是，当这孩子回到这房间后，他所做的是掀起第一把椅子的垫子，然后用他自己不完整的表达方式说道："没了。"他并没有试图到其他地方去寻找这件物品。

接下来，皮亚杰教授重复这项实验，让这孩子看到他从一块垫子底下拿出物品，并把它放在另一块垫子底下。但这孩子还是像刚才那样找了一遍，说："没有。"皮亚杰教授得出的结论是，他的儿子有点儿傻。他几乎有点儿怒气冲冲地掀起第二把椅子的垫子说："你没看到我把东西放在这儿吗？"这孩子回答说："看到了。"然后指着第一把椅子说："但是应该放在那里。"

其实我们的愤怒与孩子的快乐搭错车了。儿童感兴趣的并不在于找到物品，而在于在它应该在的地方找到它。他认为，如果不把物品放在它应该在的地方，这种游戏还有什么意思呢？

几个大一点儿的儿童和一个幼儿捉迷藏。那个幼儿藏在一件家具背后，几个大一点儿的儿童进来，假装没有看到他。除了这件家具后面，他们找遍了整个房间，并认为这样就会使那个幼儿快乐。但是大一点儿的儿童显然已经具备了大人的逻辑。后来幼儿因为对大一点儿的儿童不能发现他而感到不高兴。

有一天，蒙台梭利参加了这种游戏。她看到一群幼儿高兴地嚷着，拍着手，因为他们找到了躲在门后面的同伴。他们走到她跟前说："跟我们一块儿玩吧，你来藏。"她接受了邀请。他们都老老实实地跑出了这个房间，似乎他们并不想看到她藏在哪儿。她并没有走到门后，而是躲在一只柜子后面。孩子们回来了，一起到门后找她。她等着，一直到他们不再找她了，她只好走了出来。她原以为她藏在哪里都可以使他们高兴，可是孩子们却并不这么认为。

如果游戏的目的是快乐（事实上，儿童很高兴重复这种荒唐练习），那就必须承认，在儿童生命中的某一个时期快乐就是在适当的地方找到物品。对于"躲藏"这个词，他们有自己并不同于成人的理解。

五、儿童的外部秩序感和内部秩序感

具体来说，儿童具有外部秩序感和内部秩序感。外部秩序感从属于儿童对他本身与周围环境的关系的感知，内部秩序感使儿童意识到自己身体的不同部位和它们的相对位置。

实验心理学家认为，人的肌肉存在着一种特殊的记忆，称为"肌肉记忆"，这使每个人意识到自己身体的不同部位所在的不同位置。

例如，如果一个人移动他的手拿到了某种东西，这个动作就被感知了，并固定在记忆里，因而可以再现。

在尚未能行动自如的初生时期，婴儿已经具备了了解各种姿势的经验，因为这个时候或许他正经历着或已经度过了相关的敏感期。也就是说，自然已经提供给儿童一种跟他的身体的各种姿势和位置有关的特殊敏感性。

先天本能使儿童具备了了解各种姿势和动作的可能，并且通过意识的作用婴儿可能已经具备相关的经验，这种经验是先天的。当环境阻挠这种经验发展时，可以看到一个反面的证据，证明这种敏感期的存在和它的敏锐性。当发生这种情况时，儿童变得焦躁不安，心神不宁，这种脾气可能为一种疾病的症兆。只要这种有害的情况持续下去，所有治愈这种疾病的尝试都会失败。然而，一旦排除了障碍，脾气和疾病也就消失了，这明显

地表明产生这种症兆的原因。

一位英国保姆提供了这样一个例子。

她找了一位能干的保姆替代她，但保姆在给她所照料的小孩洗澡时碰到了很大的困难。无论何时，一给他洗澡他就变得焦躁不安和绝望。他不但猛哭，还企图离保姆远一点儿，还想找机会逃跑。这位保姆为孩子做了她所能想到的一切，但是这个小孩开始渐渐地厌恶她。当以前的保姆回来后，这孩子恢复了平静，很明显地喜欢洗澡了。以前的保姆曾在一所学校里受过训练，对发现儿童厌恶的心理很感兴趣，并耐心地解释了儿童的这种不完整的言语。

她发现了两件事：这个小孩已经把第二个保姆当成坏人，因为她是用相反的动作给他洗澡的。于是，这两位保姆对她们给小孩洗澡的方式进行了比较，并发现了以下差异：第一个保姆是右手靠近他的头，左手靠近他的脚；第二个保姆恰好相反。

一个不满1岁的小孩与父母共同旅行，每天晚上他们都睡在高档旅馆里，那里带栏杆的儿童小床是现成的，还为小孩准备了特殊的食品。回到家后，这个小孩跟他母亲睡在一张大床上。在家里小孩开始生病了，失眠、呕吐，一到晚上母亲必须把这个小孩抱在怀里。他啼哭是由于胃痛的缘故。母亲请来儿科医生检查这小孩，医生给这小孩提供了特殊的饮食、日光浴、散步以及进行了其他的医治。但是这些措施均无任何成效，夜晚成了全家的一种痛苦。这个小孩最后惊厥起来，可怜地抽搐着，在床上打滚。这种情况一天要发生两三次。于是，他父母预约请了一位著名的儿童精神病专家。这个小孩看上去很好，据他父母讲，在漫长的旅途中他一直很健康。后来观察发现，婴儿由于习惯了有栏杆的床而对家中的大床深感不安，于是产生了焦虑而生病。

显然，睡在大床上的这个小孩失去了从儿童小床的两边栏杆所能感觉到的那种支撑感。这种感觉的丧失导致了其失调和痛苦的内在冲突，似乎是无法治愈。他的反应说明了敏感期的力量是多么巨大。

大人由于具备了很多秩序的经验，而对秩序失去了感觉。儿童则不然，他们对此极为敏感。儿童是贫乏的，正处于获得感知印象的过程之中。大人的承受力已经达到一定水平了，对于微小的压力往往失去了反应，这就是为什么大人无法理解儿童对秩序改变的心理痛苦和原因。

六、慎购儿童玩具

1. 为孩子购买玩具，需要注意一些原则

买玩具时一定要注意商家在标签上给予的标识提示，一般在玩具的说明或标签上都会有醒目的标识，如果购买需要拼组的玩具，切记不要让孩子在玩耍时吞咽玩具。

挑选玩具宜先轻扯玩具的眼珠及纽扣部分、拉拉接缝口，摇一摇、推一推、滚一滚，看是不是有某些小零件容易掉落或损坏，有没有特别尖锐的部分。

玩具本身应具有一定的安全性，通常情况下，越简单越好，也许孩子并不知道玩具的很多功能，但是孩子用自己的想象力创造出趣味来，这是非常重要的。一个什么功能都有的玩具,留给儿童自我发展的空间反而很少。还有一个重要原则是"趣味第一,教育第二"。儿童在游戏中认识到自己及这个世界。游戏对儿童来说,最重要的是感到自己有能力和自治力,并自由、快乐地做自己喜欢做的事。

2. 为孩子购买玩具时,要尽量选择益智玩具

婴儿玩具最难选择,究竟什么玩具可帮助婴儿增长智慧呢?

婴儿在刚出生至9个月大的这段时期,是一生中最重要的时期。婴儿会透过他们的感官知觉玩乐和学习,如看、听、动、抬头、踢、拍打、抓及捏等动作,摸摸东西等,都会让婴儿很开心。

在家中,对婴儿来说最好的玩具就是父母,没有任何一种玩具可以比得上父母。父母做鬼脸发出怪声、玩躲猫猫、让他玩你们的手指、在你们的肚子上跳动、跳舞唱歌等都很好。

幼儿到了9至18个月大时,需注意另一些玩具。对这些还在爬行和正在学走路的幼儿来说,摸索四周的环境是他们最主要的乐趣,此时他们已能捡起小东西及按电话键。这个年龄的幼儿,已经开始了解到,并不是看不到的东西就会永远消失。

幼儿喜欢的玩具类型包括:会滚动的球,里面装着惊奇东西的惊喜盒,硬纸书,铃铛,玩具手推车,小型玩具鼓,摇摆木马等。

引导孩子好好学习

一、会玩的孩子也会学习

小孩对于每样事物都会感觉新奇，他们会通过观看、嗅觉、敲击、聆听、味觉等方式主动学习。一句话其实说得非常有道理："不会玩的人也不会学习。"孩子的玩耍，有时正是他学习的途径。一些零碎的试验，更是孩子一连串努力认识世界的行为。

比如两岁小孩的学习模式，看似混乱、矛盾，但能够了解他们的学习方式，父母就可以提高孩子的创作力和学习兴趣。一般而言，孩子会不断试验、重复和分类一些他感兴趣的东西。

孩子喜欢各种试验，喜欢把玩具拆开，把全盘积木倾倒，虽然这样做会制造麻烦，但他仍会对周围的事物重复地做试验，直至自己厌倦为止。这时，他就会把得到的资料归类。

实际上，一个会把餐桌弄得杯盘狼藉的孩子，亦会同时要求生活各方面规律化，例如每天的睡眠和洗澡时间是固定的。孩子对这种既有节奏又有规律性的生活有安全感，会比其他孩子更早地建立时间观念、理解事件发生的次序以及对事物分门归类。

这个阶段，鼓励和引导孩子学习的最好方法莫过于提供一个欢愉、活泼的环境让他自由发展，提供适合的玩具，还要在日常生活中多告诉他事物的性质和用途等。虽然孩子会碰撞、敲击每样新东西，但父母也不用担虑他们会因此而变得粗野、顽劣，积极的方法是正确地引导他们去发现和观察事物。例如孩子也许会从花园摘掉美丽的花朵，但父母用不着担心他的破坏力会变得很强。相反，父母可以借此事向孩子解释花朵为什么不能离开泥土，进而引导他去了解花草的名称，学会爱护花草。

二、让学习变得有趣

正规学习其实是枯燥乏味的，这对于孩子不是一件有意思的事情，他们最不喜欢的是板起面孔的说教，他们没有耐性去长期专注一个特定的学习目标，他们怕孤独、怕陌生、怕困难，因而需要借助外力帮助他们持之以恒地学习，直到掌握某种技能，达到某个学习目标为止。

从大多数的调查可以得出，优越的学习环境能吸引孩子用功地学习。

广义的学习环境包括父母、老师、同学等"人"的因素，而物质的因素包括书桌、课外书、各种文具等因素。尤其是具备幽静的、少干扰的环境供孩子专心学习，是极佳的辅助因素。除此之外，父母对孩子的期望、对教育的态度、教师能否唤起孩子的成就动机、同学的学习气氛，均构成一个宏观的学习环境和气氛，左右着孩子的学习兴趣。让孩子有一个良好的学习环境，给他营造良好的学习气氛，是提高孩子学习兴趣并促使他用功的第一步。

此外，还有4个方法增加孩子的学习兴趣：

1．父母应告诉孩子为什么要学习，不学习又会怎样。例如他要对英文字母有基本的认识才能玩某些电脑游戏，如果他很钟情该电脑游戏，自然会主动学习基础的英文字母。

2．古语有云："读书必须眼到、手到、口到、心到。"但还需要

"耳到""鼻到"。

要令孩子善于利用视觉，父母需把学习的内容图像化，例如多利用图画、相片甚至幻灯片、录影带等，尽量利用视觉效果，让孩子在理解知识的基础上进行吸收，做到"心到"，否则很可能做无用功，也不利于逐渐加强学习难度。

"手到"本来是多抄写的意思，但是太多的抄写会令孩子生厌。父母的着眼点应是利用不同的方法去增强孩子的记忆力，而不是要求他机械式地不停抄写，所以"手到"在这里有另一层意思，即让孩子多利用"触觉"去学习，如让他触摸棉花和石头去理解"软""硬"的概念等。

"口到"即朗读课文内容，对增强孩子的记忆力有一定的效用，如能在孩子朗读课文时替他录音，有空时再让孩子收听，更能起到加强记忆的效果。孩子能轻易地哼出流行曲的歌词，便是因为多听多看的缘故，即"耳到""眼到"。

最后，让孩子善用"嗅觉""味觉"去学习也相当重要。当然，父母不应让孩子接触有毒和危险的东西，让他用"味觉"去分辨甜、酸、苦、辣等四种味道，用"嗅觉"去分辨香、臭等气味，也不失为增加学习兴趣的好方法。

3. 父母需把学习过程转变为游戏形式，增加活动性和趣味性，孩子如能"寓学习于游戏"，他们自然会对学习产生兴趣。

4. 父母要善于把难懂的知识，变成孩子易于接受的方式和形式。

三、孩子的学习进度应顺其自然

有些小孩的成长进程快，有些小孩则慢，这一点可以从学习上看出来。但父母不用为此担心，每个孩子的成长进度都不同，所以学习速度有差别也是很自然的事。

每个孩子的成长过程都没有一定的准则，而且又极易受其他因素影响，例如并不是每个孩子都具有灵活的身手。对于孩子觉得太难并且没意思的事情，他会厌烦，比如让一个4岁的孩子用剪刀。相反，若你叫他学习怎样去滑旱冰或者踢足球，他一定很快便学会，而且还会表现得非常雀跃。

而当你看见孩子想极力挣脱已经穿上的衣服或鞋子时，不需多问，这必定是父母勉强他穿上的，其实，父母这样做，会剥夺孩子的学习机会。

3岁前父母要注意孩子机能发展的情况，大脑瘫痪、精神阻碍等其实很早就能发现。但一些较轻微的病症或毛病，却不会那么快及轻易在孩子身上被发现出来，如肌肉营养不良等，这要待孩子成长至入学前，才能被发现。如果孩子上下楼梯时老是无缘无故地摔倒，可能有影响其活动能力的疾病。

父母有义务去帮助孩子生活得更好，更有活力，玩得更带劲。假若孩子一向在运动方面的成绩不理想，你切勿在人前说："我的女儿在运动方面这样笨，我决不会让她与其他孩子赛跑，因为我怕会弄伤她。"这样即表示你已断定了她会失败，剥夺了她去尝试的机会。

最好的方法，是让孩子自然地发展，我们只要多去关注他，多给予鼓励就可以。

四、开发孩子的语言能力

孩子出生后的一年中只会辨别声音，到了第二年，才开始学习说话，此时培养其语言能力是很重要的。

孩子的语言能力是基于一种生物原理，但同样受到周围环境的影响。

成天不与小朋友或大人说话的孩子，语言能力是发展得很慢的。

大多数孩子初学讲话的时候，所讲的语言都很相似，其中可分为五大类型：

1．一些名称，如"爸爸""妈妈"或兄弟姐妹的名称；

2．一些社交用语，如"不""再见"等；

3．一些形容词，如"多些""好"；

4．孩子特别喜欢的物件，如"动物玩具""苹果"等；

5．一些动作，如"起来""吃东西"。

上述这些便成为孩子日后语言发展的基础。如何协助孩子发展语言能力，以下提供几种方法：

1．用孩子的话语方式与他交谈，不要说话太快或者太复杂，他听不懂太难的东西。

2．当父母叫孩子做事时，多运用"我"代替"爸爸"或"妈妈"，使孩子能够认识到"我"与"你"之间的分别。

如果孩子暂时不能讲太多词语，父母亦不应过分担心，孩子对生字的听识力能帮助他语言能力的提高。如果你感觉孩子在语言表达方面有什么问题，最好请教你的儿科医生。

3．孩子表达错误时，父母应尽量用实物或更巧妙的方法去让他明白他的错误，例如他将苹果说成梨，我们可以拿着一个梨对他说："你想要这个梨吗？"

4．尽量协助孩子延伸他所要表达的思想，如他说"狗狗"，那么你可以帮他延续下去——"是呀，它是一只黑色的狗，正在奔跑着。"

又或者当你工作的时候，多向孩子讲解你正在做什么，切勿重复去问

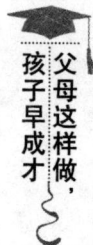

孩子"这是什么"，或者强迫他去模仿你。因为在没有压力的情况之下，语言发展会较为容易和迅速。

告别错误的教育观念

望子成龙，希望孩子早日成才，促使一些家长费尽心机让未满学龄的孩子过早地背上沉重的书包，提前接受正规教育。

目前国外儿童入学年龄一般都为7周岁，也有6岁半入学的，而入学后的最初半年是以玩为主，但带有学前教育的成分。

国外一些教育专家在有关论述中指出：那些顽固坚持对学龄前儿童进行正规教育的人是"愚蠢的激进派"。他们认为对学龄前儿童进行正规教育是不科学的，将对儿童成长造成过分的压力，从而使儿童感到紧张。一位教育家在《错误的教育》一书中写道：20世纪80年代是美国的一个错误教育的时期，许多心地善良但又思想糊涂的父母让他们的小孩子参加了为大孩子开办的各种早期教育班。

如今错误教育盛行，很多家长强迫孩子过早接受正规教育。如果我们不醒悟过来，认识这些做法的害处的话，可能给下一代带来严重的危害。

耶鲁大学的一位心理学家曾撰文说，不应该让孩子过早地和过快地参加正规学习，因为这样会使儿童失去人生中最珍贵的时光。过早地把儿童从摇篮里赶到学校去，会使儿童失去本应有的自由。

教育家们认为：学龄前教育只有强调实行以玩为基础的方法才最有益

处，学校应避免只有纸和铅笔的教育，对于一个没有达到熟练使用铅笔的孩子来说，铅笔不啻是一种折磨自己的工具。

还有的教育家认为：允许儿童按照他们自己的年龄和发育程度自由发展，他们是能够了解和探索眼前世界的，并可逐步培养的能力。过早地对儿童进行正规教育的危险之一，是儿童会把学习当作苦役，对学习不感兴趣，学习与其说使他们感到愉快，不如说使家长在心理上得到某种满足。而这样培养出来的孩子可能出现精力和智力耗尽的情况，性格上容易急躁，在学业和事业上害怕失败，不敢冒风险。

据对国内百名低龄入学的小学生的调查表明，提早上学弊多利少。其中对上课、做作业感兴趣的儿童仅占18%；在班上成绩好的只有2%；成绩不理想的却占56%。专家指出，学龄前儿童在生理和心理上都不如学龄儿童成熟，他们的大脑重量还未达到120克。从脑机能看，学龄前儿童大脑的兴奋和抑制机能不够强，调节、控制自己行为的能力差，律己困难。因而，很难坚持一节课的学习。

由于孩子生理和心理的发育不成熟，过早上学的孩子不能很快进入小学生的角色，难免常常遭到批评，导致儿童自信心受伤害。而儿童由幼儿园到小学的衔接过程中最令人担心的就是缺乏自信心，由此形成的胆怯、自卑、厌学将会影响孩子的一生。

此外，低龄儿童入学不但自己吃力，而且给家长、教师也增加了教育难度。可见，低龄儿童入学的确弊多利少。家长不要拔苗助长，这样既违背了孩子生长发育规律，也使教育效果适得其反。

家长在孩子上学前要做好准备

孩子上小学，从幼儿园、家庭走向学校，环境发生变化，对孩子的要求也发生变化，家长在孩子入学前必须做好准备。

父母首先要教育孩子热爱学校，尊敬教师，团结同学，使孩子对未来学校产生浓厚的兴趣和向往。

教育孩子上课要遵守纪律，专心听讲，学会用眼睛看黑板，用耳朵听老师讲课，用脑子思考问题。在听课中有什么不懂的地方要提问，同时还要积极回答老师提出的问题，也要注意听同学的发言，想想他讲得对不对，学会倾听别人讲话。

培养孩子认真观察事物的习惯和能力，要求他们对老师出示的图片、实物和板书等必须集中注意力看，学习观察事物的方法。

要求孩子按时到校，不迟到不早退。家长要教育孩子集中精力，按时完成作业，不要边做边玩。家长不要额外再给孩了布置作业，免得使孩子负担过重。

要注意孩子的书写姿势和执笔方法。刚上学的孩子执笔方法和书写姿势如果不正确，养成习惯后就很难纠正。因此，家长在孩子入学前要教孩子正确的执笔方法和书写姿势。

其次，父母要帮助孩子熟悉学校生活。

有的孩子刚入学，感到生活在学校这个大集体不自由，到处是板着面孔的老师和高年级的同学，作息时间很严格，一节课要坐几十分钟，生活突然发生变化，孩子一下子很难适应，因此，情绪不稳定。家长应注意孩子的情绪，及时进行教育。上学以后的一段时间，家长应采取一定措施，对孩子的好行为进行强化和巩固。家长应继续培养孩子对学校和学习的兴趣，通过对孩子的表扬和鼓励，使孩子建立起学习的自信心和良好的自我感觉。

如果孩子不愿上学，家长要查明原因，孩子或是因受人欺负，感到难堪，或是对学习不感兴趣，或是害怕老师，或是自己有缺陷怕别人知道。家长找出原因后，应与班主任交换意见，鼓励孩子高高兴兴地上学。

家长要鼓励孩子记住自己的教室、座位、队列次序、班主任的姓名和同学的姓名。要孩子注意上学、放学时的交通安全。

另外，父母还要帮助孩子做好充分的物质准备。

为孩子选择一个好书包。要选择面料轻薄、颜色鲜艳醒目的双肩背的书包，因为这种书包符合脊柱生理性自然变曲，左右肩受力均匀，较长时间负重不易疲劳，有利于孩子养成挺胸行走的习惯。书包颜色鲜艳、醒目，便于汽车司机识别，可保证孩子行路时的安全。

与孩子一起准备好文具。刚上小学的孩子应该选用铅笔为书写工具，因为孩子手部骨骼尚未完全发育好，肌肉力量较弱，耐力较差，不能长时间握持较重的钢笔和圆珠笔。孩子刚上学，容易写错字，用铅笔写字易纠正。在选择铅笔时最好选用笔杆呈棱面的，这样便于孩子握持。给孩子准备一块橡皮是很必要的，但是为了孩子思维的发展与良好学习习惯的培养，家长要教育孩子尽量少用或不用橡皮。

第二章

诱发孩子的潜在能力

潜在能力指个人能力发展的可能性，这种可能性在外部环境或教育条件许可时，可以通过一定的方式发展成为现实能力。心理学家相信每个孩子都有巨大的潜能，关键是能否发现、发挥这种潜能。如何开发孩子的学习潜能，让孩子在同龄人中脱颖而出，是每个父母都为之期盼的事情。

孩子蕴藏着巨大的潜能

培养孩子的能力犹如漫长的马拉松赛跑，需要父母有持之以恒的精神，需要父母付出艰辛的劳动，乃至一生的心血；培养孩子的能力犹如精美的雕塑，需要父母精心地去雕刻，去琢磨；培养孩子的能力犹如园艺，需要父母去精心地修剪浇灌，细心地施肥除草。

对孩子的各种能力的培养将会影响他今后一生的事业。观察力是认识自然、社会的基本方式，需要父母帮助孩子掌握；记忆力是学习知识的基石，需要父母帮助孩子垫好；注意力是心灵之窗，需要父母帮助孩子打开；想象力是心灵之花，需要父母帮助孩子浇灌；思维能力是人的精神之果，需要父母帮助孩子精心栽培；创造力是腾飞的翅膀，需要父母帮助孩子，使其羽翼丰满。

心理学家相信每个孩子都有巨大的潜能，关键是能否发现、发挥这种潜能。如何开发孩子的学习潜能，是每位父母都为之企盼的事情。在开发孩子潜能时，父母要把握以下几点：

1．仔细观察。从孩子的日常言行中发现孩子潜在才能的萌芽，以便有意识地加以诱导和激发。

2．创造机会。为孩子经常创造表现潜能的机会，让其在实践中不断增强勇气和信心。

3．耐心等待。不要因急于办成一件事而代替孩子去做，无意中让孩子失去了发挥潜能的机会；而要沉得住气，耐心等待，让孩子得到真正的锻炼。

4．给予鼓励。对于孩子的各种尝试，尽量给予肯定、鼓励、赞扬；即使有不足，也不要指责、打击，否则会助长孩子的依赖性和羞怯感。

常有父母提出这样的问题：孩子在什么年龄段最容易成才？这个问题难以回答，因为在现实生活中，不同的年龄段都有成才的实例。如莫扎特开始作曲时4岁，门德尔松开始作曲时9岁，亨德尔开始作曲时11岁；蒲柏发表诗作时12岁，彭斯发表诗作时14岁。

但是凡·高直到成为一个成年人才开始作画，甚至在那个时候他也不被人们承认是一个"合适的画家"。他的绘画风格太富有创新精神了。美国作家和儿童书籍插图画家莫里斯·森达克在学校时只有中等智商，但是他的卓越才华给数百万儿童带来了快乐。

许多最终成为著名人物的人在学校时并不都是很出色的。爱因斯坦就是一个例子，丘吉尔也是一个例子。通过对400名杰出人物的调查发现，虽然他们都爱学习，但是其中有3/5的人在学校时成绩比较差。然而一旦他们的潜能被激发，就没有什么东西能阻挡他们。

琼·弗里曼是一名心理学家兼教师，她在一本书中劝告父母们应该把家变成一个学习中心，使孩子们感到在这样的环境里学习是一种乐趣。

弗里曼告诫人们说："有时候，你做出的努力可能太大，反而不能培养出使你感到满意的孩子。对自己的孩子所取得的成绩感到自豪是唯一正确的方法，如果你发现自己所想的和谈论的内容有一点儿其他东西，那么就应该马上冷静下来好好想想为什么。"

弗里曼在书中提了一些坦率的、实际的忠告。比如，怎样回答孩子们比较喜欢提出的"为什么"的问题。她说，父母们应该设法用孩子们所处的年龄所能接受的不带个人感情色彩的方式回答"为什么"的问题。这样有助于孩子们走出他们自己的小世界，接受一种比较抽象的思维方式和推理方式。不幸的是，对自己回答这些问题感到没有把握的父母常常是设法避开回答这些问题。

当一个3岁的小孩问："为什么现在是4点钟？"如果你回答说："因为你的茶准备好了。"这样的回答没有任何好处。比较好的回答是："我们吃饭的时候是1点钟，然后我们去商店买东西，时钟就从1点走到了2点、3点，现在是4点钟，该喝茶了。"

美国波士顿大学医学院教授加德勒认为孩子具有6种智能，如果受到应有的鼓励，绝大部分孩子至少可能发展其中的一种智能。

1．人际智能

这种智能一般包括两种类型：一类是洞察自身的能力。具有这种智能的孩子，知道如何计划以及最大限度地发挥自己的能力。另一类是了解别人的能力。具有这一智能的孩子善于发现别人的特征，他能很快识别出小说或影视中的人物是否为反面角色。

对具有以上两种人际智能的孩子，你应该支持他演短剧和小品。看完一场电视剧后，你应该同他讨论戏中的角色，并要求他以家中的每个人为题写一篇生动的文章。其结果或许会使你吃惊。

2．身体动觉智能

有造诣的运动员和舞蹈演员都具有这种智能，许多工程师也是如此。这种孩子觉得翻筋斗、游泳很容易，善于掌握运动技巧和使用不同工具组装钟表等。你可以带他去参观各类手工制作科技展览，或者鼓励他参加体育训练和舞蹈组的活动。

有这一智能的孩子对声音很着迷，很爱听音乐，能分辨出他熟悉的歌是否走了调，以及不同乐器演奏的声音。你应该经常给他听音乐，让他多参加以音乐为中心的活动。

3．语言智能

有这一智能的孩子很爱说话，很容易学会一些外来词语，或电视上，或书中的妙言警句。你应每晚临睡前给他读一些文字优美的书，一旦他自己能够阅读，就应该给他提供大量书籍，给他买一本好字典，对他所写和背诵的东西都给予鼓励。

4．逻辑—数学智能

有这一智能的孩子喜爱抽象的东西，他能很快掌握等量的知识。他常会思考某些建筑材料有何不同及有何相似这类问题。你应该同他玩富有创造性的、具有丰富想象力的游戏。

5．空间想象智能

有这一智能的孩子想象力极其丰富，应给他提供绘画的颜料、各种黏土、做模型用的材料和工具。你应带他到陌生的地方游玩，鼓励他绘出你们所到地方的地图，教给他绘画的本领。

思维是孩子的智力源泉

一、认识孩子的思维能力

孩子的思维与成人的有很大的区别，孩子的思维能力刚开始时以活动和实物为基础，思维会在具体的感知和行动中进行。孩子看见了布娃娃才会想起用布娃娃做游戏，如果妈妈拿走了布娃娃，孩子的思维也随着布娃娃一同消失了。当抱着心爱的布娃娃做游戏的时候，倘若孩子没有看见小勺、小碗，他就绝不会想到给布娃娃"喂饭""喝水"。生活中还常常发生这样的现象：当你给孩子一套积木，要求他先想好怎样搭以后再开始玩时，孩子却愤愤不平地抗议"我不要想，我要搭"。当一块一块积木被堆高了，孩子会高兴地叫起来："啊，房子！我在造房子！"

这种现象十分正常，原因是孩子不会先想好再行动，而是一边行动一边想，一旦动作停止或转移到其他地方，思维活动也就随之停止或转移了。这种直觉行动思维的典型特征就是我们人类思维的初级形态，一般大约发生在2岁左右的孩子身上。进入幼儿期（3至7岁），儿童的具体形象思维逐步发展起来。这一特点在5岁左右的孩子身上表现得尤为突出。这种思维主要是依靠具体形象和已有表象来进行。当孩子思考"3+2=？"时，其头脑中思考的必然是"3根香蕉加2个苹果"或"3颗糖加2颗糖"。如果遇着一个比你的孩子年龄小的，按辈分应称作"叔叔"的人，那就有

趣了！你的孩子一定不愿叫"叔叔"，因为在孩子看来，叔叔的形象应该与爸爸差不多，而比自己小的人只能是弟弟。

随着孩子语言能力的发展和知识的增长，6至7岁的孩子开始出现抽象逻辑思维的萌芽，也就是说开始依靠概念、判断和推理进行思考了。最明显的表现是，他们对事物的了解不仅停留在现象上，而常常是"追根究底"，提出的问题涉及到事物的本质或事物之间的相互联系。他们提出的类似"云为什么不从天上掉下来""下雨前蚂蚁为什么要搬家"的问题令你难以招架。他们还能结合生活中的一些具体实例，理解和掌握"勇敢""认真""团结友爱""互相帮助"等一些抽象的概念。当孩子不慎重重地跌了一跤，他会强忍疼痛，竭力装得若无其事的样子，嘴里自我标榜："我很勇敢，我才不怕疼呢！"那副天真的模样令人忍俊不禁。

二、让孩子学会思考

人类之所以称之为高级动物，就是因为人类的大脑具备思考的特征，头脑这个器官就是用来思考的。只要愿意去思考，任何人都能够在思考的基础上有所进步。那么怎么样才能够让孩子学会思考呢？

1．让孩子充满幻想与好奇

许多有成就的人都承认，他们常常幻想，正是这些幻想刺激他们向着既定目标前进。孩子们正处于幻想丰富的年龄，乐于幻想对于提高思维力是有益处的，但需注意幻想不等于整日想入非非、不切实际。

好奇是科学家一种重要的品格。伽利略在学生时代就经常向老师提出一些"怪"问题，如行星为什么不沿着直线前进而要做圆周运动等。中学时期是好奇心勃发的时期，有利于思维的提高。但好奇也绝不是对任何事都要花费精力的，如乐于探究别人的隐私，等等，这就有误学习了。

2．培养孩子思考的兴趣

专心思考，孩子将从学习中得到无穷的乐趣，意外的成果也会来到孩子的面前。意大利物理学家伽利略说："思考是人类最大的快乐。"

3．督促孩子养成思考的习惯

思考习惯的养成需要一个目的明确、持之以恒的过程。一旦习惯养成，思考也就成了生活中一件不可缺少的乐事，不再是包袱或可有可无的了，正可谓"习惯成自然"。世界上所有问题的解决无一不靠思维力量。想，即思考、思维，是成功的桥梁。

青少年时代是思维发展的鼎盛时期，抓住了这一段大好时光，掌握科学的思维方法，培养科学的思维能力，不仅能事半功倍地搞好学习，而且为将来成才、做出成果打下了最重要的基础。

三、让孩子告别思维贫乏

孩子们都有这样的经历，自己解题时左想右想，怎么也想不出来，但是听别人一说答案，马上恍然大悟，"原来这样解，为什么自己没有想到呢。"他们自己能听懂别人说的解题方法，说明已具备解决这个问题的能力，为什么不能用学到的这些知识去有效地解决问题呢？这恐怕有两个方面的原因：一是学习方法不当，知识掌握得不好；二是思维方法不当，知识运用得不好。

其实，这就是所谓的思维贫乏。

语言和文字可以表达人类的思维。因此，能发表独特的见解，语言丰富，文章内容充实，使人感到才思横溢的人，是思维发达的人。相反，言语空洞，文章内容贫乏，甚至有时言语迟钝、行为呆滞的人，是思维贫乏的人。脑损伤、精神受刺激、缺乏感性思维、缺乏理论思考等是思维贫乏的原因。思维贫乏可以从以下几个方面来改善：

1．避免各种劣性刺激

严重的精神刺激，如受惊吓、受打击、过度紧张等会妨碍正常的思维活动，导致暂时的或较长时间的思维贫乏。因此，要让孩子适当保持生活平静，保持轻松愉快的情绪，尽量避开各种劣性刺激。

2．注意大脑的保健，防止脑疾患

要通过适度休息、体育锻炼、保证营养均衡以及必要的医疗保健来防治大脑疾患。

3．勤于观察

观察是思维的窗口，没有它，智慧的阳光就照不进大脑。无论是听课、做实验，还是日常生活，都需要有心人，观察要细致、深入。既要观察事物的正面，也要观察它的反面；既要观察部分，也要观察总体。

4．参加实践活动

一切问题归根到底是在实践活动中产生的，实践出真知，实践出智慧。我们应当教育孩子积极参加各种实践活动，一方面使思维为实践服务，另一方面用实践来检验思维的正确性，使思维更加全面和深化。

5．要善于设疑及对事物提出疑问

这是思维发达的表现之一，也是促进思维发展的有力动因。古人说："学起于思""思源于疑"，说到底，学习的过程就是不断"生疑——质疑——释疑"的过程。

6．克服不良习惯、嗜好

不良习惯如懒散过度、吸烟、酗酒、吸毒等，可以引起脑功能衰退、思维贫乏，而良好的习惯和有益的爱好，则可增强脑功能，防止思维贫乏。

四、善于打破思维定势

人们总喜欢沿用习惯的思路和固定的思维方式处理同一类问题。我们来看一个与生活有关的问题：一只玻璃瓶里装了半瓶果汁，瓶口塞一个软木塞。如果要求你不拔出瓶塞，也不打碎瓶子而能喝到果汁，你怎么办？你可能一下想不出办法，其实方法很简单，只要把瓶塞推入瓶内即可。为什么这么简单的办法竟然想不到呢？这是因为我们习惯于把瓶塞往外拔，而不是向里推。有时不慎将瓶塞推入瓶内，也认为是一种失误，这就是习惯性思维。

下面，再请你迅速回答下列问题：

1．小伍的妈妈有3个孩子，老大叫大娃，老二叫二娃，老三叫什么呢？

2．动物园中，大象鼻子最长，鼻子第二长的是什么？

3．娇娇带100元去买一件75元的东西，但商店却只找了5块钱给他，为什么？

4．黑人同白人生下的婴儿，牙齿是什么颜色？

5．有一天贝贝看到地上有张百元大钞和一根骨头，为什么贝贝捡骨头而不捡钞票？

6．停电为什么还可以看电视？

怎么样？也许你有些为难吧？

答案是：1.小伍。2.小象。3.娇娇只给了商店80元。4.婴儿没长牙。5.贝贝是一条狗。6.看不见电视节目，但可看电视机。

习惯性思维、思维定势是怎么形成的呢？我们在思考时，每采取特定的

一次思路，下一次就可能采取同样的思路。在一连串的思维中，一个个观念之间形成了联系，这种联系被用得次数越多，就变得越加牢固，以致很难改变。

当然，习惯性思维对于孩子的学习乃至创造也是不可缺少的。例如，对一个较简单的问题运用公式去求解时的思维就属于这种思维。它只要求人们朝相同的方向思考，解决问题所依靠的也是固定、传统、单一的正确结论，或者只满足于知识的记忆和积累。但是，这种思维方式与高级思维方式相差甚远，因此常常阻碍人们的创新。

记忆力是孩子成功的基石

一、记忆的魔力

不同的孩子的记忆力水平有极大的差距。如著名的音乐家舒伯特小时候对教堂传出的弥撒曲能过耳不忘，记忆力可谓惊人。更令人吃惊的是法国的小神童吉恩·路易，生下才3个月，竟能背下全部拉丁字母，到了3岁能用拉丁文读写，4岁可以掌握英语、德语和希伯莱语，5岁则通数学、地理、历史，可谓是超级神童了。

中国科学院心理研究所曾对超常儿童进行调查，得出这样的结论：超常儿童记忆力优异，表现为记忆快，持久性长。

一般来说，神童在记忆方面要超过同年龄的儿童水平。

然而生活中也有这样的人，记忆力极差，说过的事情很容易忘。那么，衡量记忆力好坏的标准是什么呢？

1．记忆的精确性

国外曾举行过有趣的背诵圆周率的比赛。据说日本的友寄英哲花了10个月的时间背诵圆周率，精确程度达到小数点后的20000位，令人赞叹不绝。

2．记忆的持久性

我国著名科学家茅以升在80高龄时还能准确无误地背诵出学生时代记住的圆周率小数点后面的100位数字，令人惊羡不已。

3．记忆的敏捷性

神童往往有过目不忘的本领。美国加利福尼亚州的麦育斯可能是世界上年龄最小的传教士。麦育斯的爸爸是个传教士，受家庭环境的熏陶再加上他过耳不忘的本领，5岁的麦育斯竟能对大人讲教义，而且还讲得头头是道。

4．记忆的广度

心理学中测试记忆的广度最典型的就是复述数字表。从3位到12位，主试说一遍，被试跟着复述一遍。结果表明，同年龄的儿童差别很大。

二、了解孩子记忆力发展的特点

人的记忆力并非一成不变，会随着时间、空间的变化而发生变化，但是这种变化有一定的规律，如果了解它的发展规律，并加以科学地引导，你的孩子自然能成为一个强记博闻的人。

心理学研究成果表明，记忆一般出现在婴儿时期。条件反射的形成即标志着婴儿具有了记忆力。例如当母亲抱起婴儿，如果此时抱的姿势恰恰和喂奶的姿势相同，婴儿就会出现吃奶的反应——吮吸动作。这就是婴儿记忆的萌芽。

在整个幼儿期，幼儿的记忆特点是：无意识记忆占优势，有意识记忆正在逐步发展。

幼儿的记忆效果在很大程度上取决于被记忆对象本身是否具有鲜明、生动、新奇的特征。在婴儿期，婴儿容易对那些色彩鲜艳，例如红色、黄色，或者色彩对比强烈的事物感兴趣。另外能发出悦耳的声音、会运动的东西也很容易引起幼儿的兴趣。常常可以看到1岁左右的孩子把凡能抓到手的东西都使劲往地上扔，这并不是孩子具有破坏的天性，而是此时此刻孩子对东西掉在地上发出的声音产生了极大的兴趣，这声音带给他极大的乐趣，甚至能逗得他哈哈大笑。所以父母在给孩子选择玩具时要注意那些会动或能发出声音的玩具往往能得到孩子的青睐，而那些高级的电子玩具到了年龄小的孩子手中，也许顷刻间就粉身碎骨了。

随着孩了年龄的增长，特别是当孩子掌握了语言这一工具后，他的有意识记忆逐步发展了。若想培养你的孩子，就得重视发展孩子的有意识记忆，这一点很重要。

年龄越小，记忆的直觉形象性就越明显。这是由幼儿思维的具体形象性所决定的。对于这些具体的，可以看，可以摸，甚至可以听到嗅到的东西，孩子往往很容易记住。这一时期，形象记忆明显优于词语记忆。目前，人们普遍使用的看图识字教学法，根据也就在于此，并已收到了较为满意的效果。幼儿由于年龄小，缺乏必要的知识和经验，所以在他的记忆中，机械记忆所占的比重往往较大。孩子往往喜欢重复，对故事百听不厌，也喜欢背诵，这对于提高孩子的记忆力、积累知识大有益处。但并不否认此时幼儿已开始有了有意识记忆。

据说歌德小时候，母亲每天给他讲一个故事，但总保留了故事的结尾。第二天，小歌德向母亲复述故事，还被要求编一个故事结尾，这样他才能从母亲那儿再听到一个新的故事。歌德复述故事时，已不可能逐字逐句地机械背诵，这里已加上了他的理解和想象，已有所发挥、有所创造了。也许正是由于童年时期的这种游戏，孕育了一代文豪。

谈到锻炼孩子的记忆能力，有的家长难免担心这是否会影响孩子的健康，影响孩子大脑的正常发育。这种担心其实是多余的。早在20世纪初，多尔兰德就证实了天才人物比一般人长寿。他挑选了100名自16世纪以来欧美的杰出人物，发现他们的平均寿命为66.7岁。而当时的成年人（不把20岁以下死亡的人计算在内）的平均寿命为51岁。看来神童短命纯属无稽之谈。

而大脑也像其他人体器官一样遵循"用进废退"的规律。根据近代脑科学的研究，人脑约由10亿个高度发达的神经细胞组成，可储存的信息量是电子计算机的100万倍。由此可见，人的智力潜能是无穷的。

纵观古今中外众多的神童，他们的成功有一点是共同的，即他们都有一个好的家庭教育环境。现代控制论的创始人罗伯特·维纳3岁便能写，12岁入大学，19岁成为博士。维纳有两本带自传色彩的书：《昔日神童——我的童年及青年》和《我是个数学家——神童的后期生活》。在这两本书的跋中，他强调："神童"或"天才"如果没有适当的环境和不断的努力，就不可能成才，甚至可能沦为庸才。这里所谓的适当环境就包括了他爸爸对他的正确引导和培养。维纳曾说过："当我还是一个小孩，坐在爸爸写字台前仅能容膝的地方，听我爸爸和他的朋友们讨论时局变化和历代史实的时候，我就懂得了许多学术界的事情。我虽是一个孩子，但却吸取了对许多事物的真正理解，而且我的幼稚观点也并非毫无意义。"

年轻的父母，相信在你们的悉心培养之下，你们的孩子也一定能成才。

观察力让孩子及早认识世界

　　现代科学研究表明：人脑获得的90%以上的信息是从视听觉提取的。古今中外许多成就卓著的人，都以超人的观察力而闻名于世，并以其独特、精细的观察方法取得成功。

　　我国著名地质学家李四光指出："观察是取得知识的重要步骤。"俄国生理学家巴甫洛夫经过多年对大脑条件反射研究得出一条至理名言："观察，观察，再观察！"观察是人获取信息的源泉。英国著名的细菌学家弗莱明在谈到青霉素被发现过程时说："这是从一个偶然的观察中产生的，我唯一的功劳是没有忽视观察。"

　　19世纪中叶，美国南特斯克岛上，一位叫玛丽亚·米切尔的小姑娘，在父亲讲的那些迷人的航海、天文知识的影响下，用父亲给她买的一架望远镜每天对天象进行观察并做记录。在观察中，她记住了许多星星的位置，弄清了星星之间的位置变化。1847年10月1日，她用自己的天文望远镜观察到了一颗别人没发现的彗星，并向全世界宣布了这颗新发现的彗星。几天以后，英国的职业天文学家通过观察证实了玛丽亚的发现，玛丽亚从此引起全世界的瞩目。

　　然而，在一些家庭里，父母并没有把观察看作是一种积极的智力活动，一种培养兴趣、发展智力的途径，这实在是家庭教育的一种不幸。

从观察中不仅可以汲取知识，而且知识在观察中可以活跃起来，知识借助观察而"进入周转"，像工具在劳动中得到运用一样。一个有观察力的孩子，绝不会是学业成绩落后或者文理不通的学生。父母如果善于帮助孩子利用以前掌握的知识来进行一次又一次的观察，他们就能使孩子的"旧"知识变得愈加牢固和灵活。

观察对于儿童是必不可少的，正如阳光、空气、水分对于植物是必不可少一样。在这里，观察是智慧的最重要的能源。儿童需要理解和识记的东西越多，他在周围自然界和劳动中看到的各种关系和相互联系就应当越多。

家长在教给孩子观察时需要教给他们从平常的事物中看出不平常的东西来，教给他们探寻和发现因果联系，经常让他们回答"为什么"的问题，并引导他们自己提出疑问来。

俄罗斯的2月仍是深冬严寒。在一个晴朗的日子，教育家苏霍姆林斯基带着孩子们来到寂静的、还有积雪的果园里。

"孩子们，你们仔细地看看周围的事物。你们能看到春天快要来临的最初的标志吗？即使你们中间最不留心的人，也能看出两三种标志。而不仅会看并且会想的人，就能看出几十种标志来。谁会欣赏大自然的音乐，谁就能听出春天正在觉醒的第一声旋律。大家看吧，听吧，想吧！"他对学生们说。

他看到，孩子们仔细地观察被雪覆盖的树枝，观察树木的外皮，倾听着各种声音。每一个小小的发现都使他们感到欣喜，每一个人都想找到某种新的东西。他们过了一星期又来到果园里，此后每星期

都要来一次，而每一次都有某些新的东西展示在儿童的好奇的目光面前。

孩子受过了这种观察力的训练，就会区分理解的和不理解的东西，尤其宝贵的是，他们能够对此抱积极的态度。家长教导孩子观察和发现，就能从他那里听到许多聪敏的、出乎意料的"哲理性"的问题。更为重要的是培养了孩子养成善于观察、细心的习惯，激发出孩子对知识的好奇心。

有个叫项前的孩子还没上小学，就开始用铅笔画图、写字等。当发现母亲不用铅笔，而使用钢笔时，他又对钢笔产生了兴趣。钢笔不像铅笔要削，用起来比较便利，项前开始对钢笔构造产生了兴趣。

项前的母亲拿支不能用的钢笔给他，并说："妈妈对其实际构造也不清楚，你拿去琢磨琢磨吧！"母亲意思是要他拆下来看。但对一个未上学的小孩而言，拆钢笔并非是件容易的事。项前很有耐心，整天观察钢笔的构造。

项前母亲看小孩对收音机感兴趣，就给他一台报废的收音机，让他拆下来彻底研究。这样久而久之，他一直对理工类的知识特别感兴趣。所以他的学习成绩也特别好。现在他在一所重点大学学电子工程。

把家里不用的东西储藏起来，等到孩子感兴趣时，就交给他拆下来研究。这位母亲真是懂得如何教育孩子。

我们相信只有当孩子以探索的眼光细心观察这个世界，只有当他对世界充满好奇和无穷的求知欲望而自发地学习时，家长寄予他的良好愿望才能实践。

创造力可以提高孩子的成就感

一、人人都有创造潜力

长期以来，一提起"创造"，人们就会感到那是惊天动地、前无古人的奇迹，是科学家、发明家的专利，总觉得非常神秘。许多人都对自己的创造潜力估计不足，缺乏自信。90%以上的孩子连想都没有想过自己"也能创造"。其主要原因是缺乏有关创造的本质和方法的知识；缺乏创造的勇气；学校教育一味地只传授死知识，扼杀了孩子的创造性。

事实上，几乎所有的孩子都可以从事创造性活动并做出成绩。心理学家研究表明，除了白痴和某些病患者外，其余所有的人都具有创造力。只不过一般人的创造力多属于"潜创造力"，而科学家、发明家的创造力是"显创造力"罢了。创造潜力对每个人而言仅仅是"大"和"小"的问题，而不是"有"和"无"的问题。

在日常生活中，我们常常会见到：有的儿童拿起一支铅笔就可以给布娃娃打针，能把一块没有颜色的木头当作一匹马，用一团黏土可以塑造出小白兔；有的儿童可以把积木搭成熊猫妈妈的房子，可以画出在月亮上荡秋千的图画；有的儿童看见"～"这样的符号，可以想象出波浪、河水、绳子、蚯蚓、枕头套的边、蝌蚪的尾巴、鞭子等；有的儿童在讲故事时，

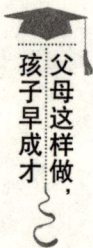

可以将几个毫无联系的故事人物及情节糅合在一起讲得津津有味……这些事情在成人眼里看似没有什么意义，但认真分析不难发现，就儿童自身而言，他们确实具有独特性，即多多少少包含了创造的成分。因此，我们一定要给予他们鼓励和表扬。

心理学家认为创造或创造性活动是提供新颖的、首创的、具有社会意义的产物的活动。新机器的发明，新概念、新理论的提出，新的文学艺术作品的创作，新的解决问题的方法的出现等，都属创造活动。需要记住，创造是一种探索活动，并没有现成的解决问题的方案和步骤。并且在创造的过程中，只运用以前的经验和现成的答案是不行的。

大量事实和研究表明，青少年时期是创造力飞速发展的时期，人生的这个时期在科学上被称为"科学创造最佳年龄区"。近几年来，我国举办了各种级别、范围的学生科技发明创造竞赛活动，涌现了不少"小发明家"；不少地区建了"科学园""科技宫"，组织了各种科技兴趣小组，等等。这些活动对激发孩子的创造热情和培养他们的创造力起了积极作用，所取得的成果也证明孩子是完全可以进行"创造"的。

二、给予孩子创造的信心和勇气

创造力是人脑各种功能集中的表现和各种能力有机结合后发展的高级阶段，它既是人的能力"金字塔结构"的至高点，又是多种因素构成的综合体。

智力偏重于正确的认识方面，而创造力侧重于创新方面，二者有着本质的不同，但又相互影响。发展创造力要求具有一定的智力。具有较高的创造力，通常必须以具有最低限度的智力为基础。但也不能说拥有较高智力的人就具有较强的创造力。换句话说，智力太低会阻碍创造力的发展，而智力高的人创造力也不一定高。

美国有位教授和其同事对1528名在校高智力学生做了长达40年的追踪研究，结果发现：从成年后对社会、国家做的贡献来看，这些人没有一个成为像牛顿、达尔文、爱迪生那样的科学家、发明家，也没有一个成为像马克·吐温那样的作家。实际上，我们身边也不乏这样的例子：智力高的学生长大后，未必能取得什么成功，因为他的创造力不高，而在学生时代智力平平的人，以后在社会上却反而能出类拔萃、易于成功，因为他具有较高的创造力。

我们明确了智力与创造力的关系，就应注意，既不要用培养智力的方法去培养创造力，也不要在加强培养创造力的同时丢掉了对智力的培养，如能使二者同步增长，则相得益彰。同时，也说明这样一个道理：智力较低的人不必灰心，要有创造的信心和勇气。

注意力帮孩子打开心灵之窗

曾被《中国青年报》《解放日报》以及香港报纸报道而引起国内外人士注目的小女孩冯遐，阅读时一贯聚精会神，常常能保持这种状态达几个小时，其中她仅有10分钟休息时间，其余时间始终保持着高度而稳定的注意力。

所谓"注意力"，也就是人们通常所说的"专心"。日常生活中人们所表现的"全神贯注""聚精会神"，就是注意力的表现形态。

毫无疑问，注意力是智力的重要组成部分。同时，注意力还是观察力、记忆力、想象力、思维力等其他智力因素的必要条件和先导。有了良好的注意力，就好比打开了心灵的天窗。

稳定而集中的注意力毫无疑问是神童的智力特征之一。当然，反应敏捷，口齿伶俐，想象丰富，观察细致，记忆过人等也是十分重要的。但可以肯定，没有良好的注意力的孩子是不可能成为神童的。

要培养良好的注意力，必须了解儿童注意力的特点。

儿童的注意力发生在新生儿期。但1岁以内的孩子，注意力都是极不稳定且都是无意注意，即事先并没有预定目标，也不需要意志努力，自然而然地产生的注意力。有资料表明，周岁以内的孩子对所看到的事物能注意的时间不超过2分钟。

也许你曾有过这样的经验：当你对着1岁的孩子问"猫呢"，孩子就会朝着小猫经常活动的地方去寻找；当你问"妈妈呢"，他就会转向妈妈所在的地方。

这是因为，1岁的孩子开始学会按成人的语言要求注意周围的人或物，这标志着孩子有意注意开始萌芽，也就是开始学习按照一定的目的去注意事物了。

3岁以后，孩子的注意力范围扩大了，注意能力逐渐提高。如果你留心观察，一定会发现类似的现象：也许孩子正聚精会神地听你讲故事，突然一只小猫从旁边跑过，这时小孩的注意力往往会立即转移到小猫身上，眼睛跟着小猫转。此时，你大可不必为此生气，因为5至7岁的孩子虽然开始能比较自觉地注意某些事物，但是还很不稳定，不能较长时间地把注意力保持在某一事物上，稍受干扰，注意力就会分散，无意注意仍占据主导地位。婴、幼儿的注意以无意注意为主，有意注意处于逐步形成阶段，注意的稳定性差，范围较小。

而在我国众多的神童中，有的2岁玩积木时就能连续几小时不分心；有的虽年仅3岁，却能对周围的食品和玩具"无动于衷"，在长达30分钟时间内一气读完一张无内在联系的汉字表；还有的5岁半入学学习，听课专心致志，即使旁边有吸引人的电视节目，也难以使他分心。

神童除了注意力保持时间长，集中程度高以外，还有的注意力转移能力十分强，能够根据需要主动及时地把注意力从一个对象转移到另一个对象上。有个3岁的小男孩，一听到爸爸说"开始学习了"，无论玩得多开心，也能马上坐下来专心看书、绘画。

看到这里，你也许会"望神兴叹"。其实，神童身上表现出来的"入痴入迷"，既不是天生的，也不是上帝赐予的。如果进一步了解一下神童的家庭，就会发现神童"神乎其神"的成功道路上，也洒满了其父母潜心培养、训练的汗水和心血。

在培养孩子注意力时，要从以下5个方面着手：

1. 帮助孩子明确和理解活动的目的

孩子对活动目的和意义理解得越深刻，完成任务的愿望也就越强烈，有意注意的时间也越长。

一个平时在绘画活动中总是心不在焉的孩子，如果换一种方式让他绘画，他的表现就不同了。家长说，今天是某某的生日，你给他画幅画，作为生日礼物送给他好吗？结果，家长发现孩子不仅画得特别专心、认真，而且也画得很好。这是因为他有了明确的活动目的，非常希望把画画好，故能自觉地、专心地完成这一作业。

2．创造吸引孩子注意的环境

心理实验告诉人们，强烈的、新奇的与变化的物体最能吸引孩子的注意。如能自动跳舞的小娃娃、会用简单的日常用语打招呼的小猪、会打鼓的大熊猫、自动下蛋的花母鸡、转动的音乐鸟笼……类似的玩具你可以多为孩子准备一些，这对训练孩子，尤其是对0至3岁孩子的注意集中能力的是大有益处的。

据神童小津津的爸爸介绍，在小津津刚出生几个月后，爸爸就在小津津的床上方交换着挂上一些五颜六色的彩色气球。妈妈也常常用一些图案鲜艳的小手帕叠成不同的形状挂在小津津的床上方。这些方式都收到了良好的效果。

3．为注意力寻找一个支点——培养自制力

有意注意往往需要一定的意志努力。神童良好的注意能力确切地说应该是稳定而集中的注意力和意志力的结合，二者缺一不可。

可以这样说，没有良好的意志品质也就难以养成超常的注意力，不会自制也就不会有意注意。

家长应该有计划地在孩子日常生活中，不断地向孩子提出各种要求，鼓励他们把每一件事做完，不要半途而废，以培养他们善于控制自己行为的能力。

4．在游戏中训练孩子的注意力

"什么东西不见了"是一种简单易行、效果良好的培养孩子注意力的游戏。你可以当着孩子的面，在桌上摆出几样物品（要求孩子注意看、认真记，并说出物品的名称），然后，让孩子转过身去，在孩子不察觉的情况下拿走其中的某样或几样物品。当孩子转过身来时问他："什么东西不见了？"如果孩子回答对了，应及时给予表扬和鼓励；如果孩子答错了，应提醒他注意用心观察和记牢。

这种训练方法较为灵活，使用的物品不论是吃的、穿的、用的、玩的均可。另外，类似的一些方法，如"找错""配对"等均不失为简单、灵活、实用的训练方法，你可以根据具体情况选择运用。

5. 培养孩子广博而持久的兴趣

幼儿的注意在一定程度上受直接的兴趣和情绪状态所制约。或许你的孩子在计算"2+1=？"时，那副心不在焉的神态让你伤透了脑筋。然而，他在玩"小猫钓鱼"的游戏时，却是那样专心致志、入痴入迷。

通过日常生活活动，不断丰富孩子的知识和经验，丰富生活内容，这对孩子注意力的发展是极为有利的。

想象力是孩子翱翔的翅膀

一、孩子都有非凡的想象力

孩子在夏天的晚上仰望天空，心会随着弯弯的月儿、小小的星星在神秘的太空遨游，脑海中会生出许多奇特的幻想；孩子听着美丽的童话，会随着故事中的主人公进入神奇的世界，脑海中出现了许多不可思议的联想；孩子在做游戏时，往往会有许多奇妙的设计和杰作。

由此可见，孩子是具有丰富想象力的。

孩子的想象力究竟有多少？为了弄清楚这一问题，有关专家开始用6

岁孩子做实验，呈现给孩子一个小地球仪，孩子立即能说出一些正确的指认，例如陆地、海洋、国度等。

孩子非常喜欢地球仪，它成了孩子房间里最受欢迎的东西。有一次，一群6岁的孩了正围在地球仪旁边讨论，这时，一个3岁半的孩子挤上前来说："让我看看。这是世界吗？"

"是的。"其他孩子回答，他们有点儿吃惊。

"现在，我明白了。我叔叔曾绕地球环行三次！"孩子能从大人日常的交谈中悟懂一些常识，而一些偶然的机会会使他们突然得到深入的理解。

另外一个4岁半的小男孩也要求看看地球仪。他仔细地观看着它，聆听着一些年长孩子关于美国的讨论。他们并没注意到他也在场，突然，他插话说："噢，这就是海洋！"听到这儿，他们全都怀着迫切的好奇心开始询问他。于是，他讲述了下面这个故事。

"我爸爸一年到美国两次，他要在纽约逗留一段时间。他出发以后，我妈跟我说：'你爸现在在海上。'好多天她都这么说。后来她说：'你爸已到达纽约。'过了几天她又说：'你爸又到海上了。'最后，在一个天气晴朗的日子里，她说：'现在他已回国了，我们去接他。"

由于孩子平时对美国早有耳闻，而且亲人使这个地名频繁出现，因此，当有关的刺激出现时，他立即反应出这个国家了。

小孩子总是不断地要父母解释事物，他们是那么好奇。但是，如果父母不把这看成一种苦恼，而看成是一颗渴望求知的心灵的倾诉，那么父母就会发现，这些问题对孩子很有启发性。针对孩子的问题，父母应该用简单的语言、较短的句子来解释。建议父母不要告诉孩子片面的答案，尽量回答完整是最好的。

一个小男孩曾经问他爸爸"叶子为什么是绿色的"。他爸爸认为这是儿子智力水平高的一个表现，所以就滔滔不绝地给他讲述了关于叶绿素及其如何利用阳光进行光合作用的道理。但是，后来他无意中听到儿子在自言自语地嘀咕："我想知道的仅仅是叶子为什么是绿色的而不是有关叶绿素和阳光的废话！"

大家都知道，喜欢游玩、想象和提问是3至6岁孩子的三大特征。但是，孩子有时也会提出一些非常难答的问题。

"妈妈，"一个4岁的孩子说，"我从哪儿来？"

妈妈回答说："亲爱的宝贝，是我创造了你。"她的回答迅速而简短，孩子立即安静下来了。

约一年以后，妈妈对孩子说："现在，我正在创造另一个孩子。"当她到医院去的时候，她告诉孩子，回来的时候她将把婴儿带回来。

回家后，母亲把婴儿抱给他看："你看，弟弟很小。你以前也是这样的。"

但是，此时这个男孩快满6岁了，他提出了强烈的抗议："你为什么不告诉我，我们到底是怎样来到这个世界的？现在，我已经长大了，我可以知道了。你为什么不把真相告诉我？自从你告诉我，你正在创造另一个孩子时，我就一直在仔细地观察你，可你什么也没做啊？"

对于这样的问题确实让人颇感为难，父母只有通过举例或描述来使孩子实现想象。

理解一个孩子的心灵需要相当的机智和灵敏的观察，但成人却往往不具备这样的品质。不过，值得庆幸的是，孩子从周围环境中学到的东西比从成年人身上学到的东西要多得多。父母只有掌握丰富的心理学知识，才能尽力帮助他们。

二、精心呵护孩子的想象力

"想象力比知识更重要"，爱因斯坦的话为我们开发孩子的智力指明了方向。善于对孩子进行教育的父母，在帮助孩子学好书本知识、打好基础的同时，更重视训练孩子的想象力，使孩子的想象力不断得到发展。

若要培养孩子丰富的想象力，必须首先了解孩子想象的特点。

人们普遍认为，孩子的想象力出现在1岁以后。如果你留心观察，一定会发现类似的有趣情境：一只普普通通的肥皂盒子，到了孩子手中情形就大不相同了——一个1岁多的孩子会一边把这只肥皂盒向前推动，一边喊着"嘟嘟"。实际上，此刻孩子已把它看作汽车了！这种现象正是孩子最初的想象活动。以后，在孩子的游戏活动中经常伴随着一定的想象活动。一位小女孩会一本正经地把一根小木棒当作调羹假装给布娃娃喂食，把一把普普通通的小椅子当作汽车，坐在上面又摇又晃。

孩子进入了幼儿期，想象的内容、想象的领域，都有了很大的扩展。一根简简单单的竹竿，孩子脚往上一跨，拖着竹竿奔跑，竹竿就变成了奔驰的骏马，而把竹竿拿在手中挥舞，竹竿又成为了马鞭。他们会想到星空，也会想到地面……

幼儿的想象主要是再造想象。一个在"娃娃家"游戏中扮演妈妈的小女孩，尽管装得那么一本正经，然而她的言行举止、态度、表情却几乎是对自己妈妈言行的模仿。可见，孩子的想象在很大程度上具有复制性和模仿性，想象的内容基本上都是重现一些生活中的经验，这一特点在幼儿初期表现得最为突出。

随着孩子知识经验的丰富，语言和思维的发展，大约5至6岁以后，孩子的想象开始带有了明显的创造性。在复述故事时，孩子会加入一些故事里根本没有的情节；在游戏中，孩子会煞有其事地与星星和月亮打电话。

想象带有很大的夸张性，这也是幼儿期孩子的一大特点。一位5岁的小男孩画了一幅题为《上天去玩》的画，画中的长颈鹿的身体高于5层楼，脖子一直伸入云霄，一个小男孩站在长颈鹿的头顶，上天了，这种想象的夸大性在幼儿的想象中屡见不鲜。

培养孩子的想象力不妨从以下几方面着手：

1．通过生活事件培养其想象力

可以假定生活中遇到这样或那样的困难，让孩子想象解决问题的办法，并鼓励孩子尽量多想一些解决办法。例如，"一个乒乓球滚进沙发底下了，该怎么办"。孩子可能想象：蹲下来，用手去捡，还可以借助棍子拨出来。另外，请爸爸妈妈将沙发移开，也可以……生活中类似这样的问题，你可以自行设计，这些问题常常是激发孩子想象力的最佳动力。

2．让孩子在讲故事的活动中激发想象力

讲故事、猜谜语是发展孩子想象力的重要途径。孩子酷爱听故事，尤其是最能促使孩子想象力的童话和神话故事。

3．将孩子引入快乐的游戏王国

孩子的整个游戏王国是靠想象力支撑的，在游戏中，孩子的想象力异常活跃。一个孩子抱着"娃娃"做游戏的时候，她不仅把自己想象成"妈妈"，还要想象"妈妈"怎样爱护自己的"孩子"。当她把一顶白帽子扣在小脑袋上，煞有介事地当医生的时候，孩子的头脑中就会不断地进行着有关方面的想象活动。为你的孩子创设游戏的条件，让孩子插上想象的双翅，飞翔于游戏王国，这是培养孩子想象力的有效途径。

4．让孩子在音乐活动中激发想象力

家长在孩子具有一定欣赏能力的基础上，训练孩子听音乐做动作。你可录取一些可供孩子展开丰富想象力又易于表现的音乐，在平时有意识地放给孩子听，要求孩子根据音乐想象出各种相应的动作、表情。譬如小白兔的轻快、"大象伯伯"的沉稳。另外，根据歌曲自编动作进行表演，也可以有效地激发孩子的想象力。你可选用一些孩子会唱的歌，让孩子根据歌词的意思，编出相应的动作。孩子在根据歌曲编动作的过程中，头脑中就会进行着有关方面的想象活动。

5．让孩子在美术活动中激发想象力

美术活动是发展孩子想象力的有效途径。父母应为孩子准备一些画笔、黏土、彩色纸或小积木等，让他们去画，去捏，去折叠，去拼搭，创造出各种不同的形象。

在美术活动中，意愿画不失为一种培养孩子想象力的有效手段。画意愿画就是让孩子自己想、自己画，想画什么就画什么。孩子在构思图画内容和布局时，会进行丰富而活跃的想象。应该注意的是家长和成人千万不可代拟主题，代定内容，而应对孩子启发、诱导。

按主题画画和按主题建筑，可以较好地发展孩子的有意想象。即向孩子提出一定的想象主题，要求孩子围绕主题进行有意想象，并把自己的想象用画画和拼搭等活动表现出来。

"添笔画"的办法也非常有利于发展孩子的想象力。譬如你画一个圆圈，告诉孩子可以在圆内或圆外画其他线条，试试都能画出什么东西。鼓励孩子要想象得不同寻常，别出心裁。

同样"添物画"的方法，你也不妨一试。你可以画一幅未完成的画让孩子想象并补添其余物体。譬如你画一幅画，表现的是乌云密布，暴雨即将来临的画面，让孩子想象并画出其余内容。

6．让孩子进行"情景描述"

你可以经常向孩子提类似的问题："这是一个春光明媚的天气，想象一下公园里会是怎样？""昨晚，刮了一场大风，想象一下街上会是什么样子？"要求孩子根据他的想象描述给你听。

家长可以启发和诱导孩子，使孩子尽可能想象得丰富些。譬如，"这是一个春光明媚的天气，想想看公园里的花会怎样？草会怎样？树会怎样？人又会怎样？"

7．在观察大自然的过程中，引导孩子的想象力

大自然的一切都可以引发孩子的无穷遐想：蓝天中朵朵白云，像成群的牛羊；绿茵茵的草地，好似墨绿色的地毯……

在孩子观察大自然的同时，家长有意识地引导孩子去想象、比拟，这些事物就会在孩子头脑中变成无数美好而奇异的童话。在孩子想象的同时，家长可进一步引导孩子把自己的想象用语言描述出来，或用图画表达出来。

动作能力帮孩子把握未来

一个人对运动的体验，在母亲的肚子里就开始产生了。在这些运动活动中，幼儿能接受到各种刺激，能探索和尝试各种活动的途径与方法，这为幼儿发展各种潜能提供了良好的机会和条件。

所以，父母应从小对孩子进行身体动作能力的培养。

一、利用日常生活发展孩子的动作能力

1. 筷子的妙用

早点儿让孩子使用筷子吃饭，可以促使他的眼睛、手、嘴和大脑很快地配合起来，对后来的成长发育、智力提高很有好处。因此，家长从学龄前期就要教孩子学习使用筷子，虽然这可能比较难，但是只要家长有耐心，孩子就会学好。家长千万不要由于怕麻烦而让孩子用勺子吃饭，别忘了，"智慧从指尖开始"。

2. 使用小刀削铅笔

可以先教孩子学习使用转笔刀，这比较好掌握。学习用小刀削铅笔，就不那么容易了，这需要左右手相互协调来完成。开始时，孩子常常会把铅笔弄断，成人要告诉孩子如何向前用力，不要伤着手等。教的时候，一方面由大人们做示范动作，一方面由大人把着孩子的手，让他体验一下。

家长一定要告诉孩子，小刀只能削铅笔，不能用来削其他东西，如椅

子、门等。孩子一般都能明白这个道理，并且会好好地遵守。6岁的孩子经过一年的练习，到入学时，也就会削铅笔了。这不仅锻炼了肌肉的动作能力，促进了孩子智力的发展，同时也能使孩子为自己服务，培养了他的独立能力。

3. 学系扣子

系扣子要求手部的小肌肉及手协调运动，对三四岁的孩子来说，这可不是一件容易的事。系扣子对孩子的手的精细动作的发展有很大帮助，家长应该让小孩子学会系扣子。

家长要有耐心，多鼓励孩子，不要过多地斥责，这样容易使孩子丧失信心。慢慢地，孩子就可以自己给自己系扣子。学会了这一本领，孩子会感到高兴。此外，家长还可以训练孩子系鞋带、叠衣服等。

4. 动手动脑，自制玩具

制作玩具需要各种技能，能从多方面训练双手，可以促进手部小肌肉的发展和智力的发展。

3至4岁的孩子，可将牙膏盒、包装香皂的纸盒、药盒、火柴盒等，做成火车、汽车，在桌上推着玩。装车轮、挖车窗等比较复杂的制作，由成人做给孩子看。到五六岁时，孩子就可以自己装车轮了。

5至6岁的孩子，父母可以教他扎风筝，并且和他一起放风筝。这不仅锻炼了手，还可以让幼儿从实际生活中初步体会一点儿物理常识。所以，做风筝是一个很有意义的活动。

二、通过表演游戏训练孩子的动作能力

1. 歌曲或儿歌表演游戏

这类游戏很多，任何一首活泼生动的儿童歌曲或朗朗上口的儿歌都可

73

以成为素材。家长可专门寻找有关的书籍资料参与或自编动作，与孩子一起载歌载舞，为孩子"伴奏"，鼓励他自由地创造表演。

较典型的例子有儿童歌曲《找朋友》的表演，以及儿歌《吃毛桃》的游戏。前者的歌词内容是："找、找、找朋友，找到一个好朋友，敬个礼，握握手，你是我的好朋友，再见！"

后者的内容和基本动作是：（游戏者手拉手或自动围成圆圈，集体有节奏地朗诵）"吃、吃、吃毛桃，吃得我心里好难受，跑一跑，跳一跳。"（向四方跑跳开，两两结伴，背靠背而立或坐）。一个问道："干什么来了？"另一人回答："吃毛桃来了！""为什么不在你家吃？""我家的吃完了！"说完立即分开，问者追逐答者，追到即止。

2．"与你同样做"和"与你相反做"

在音乐伴奏下，成人根据音乐的节奏、速度做动作，每个动作做三四次，如双手交叉一上一下，左手每次向下时，右脚动一下。然后变换动作，同样也重复三四次，要求孩子根据成人动作进行快速准确的模仿，尽量做到一样。这便是"与你同样做"舞蹈游戏。

依此类推，"与你相反做"是要求孩子的动作与家长动作的方向相反，如家长抬左手时孩子抬右手等。

这类游戏，父母可以根据孩子年龄大小和舞蹈能力发展而做出相应难度的变化。开始时，家长动作重复次数多，慢慢减少，最后可由孩子承担被模仿的一方。

游戏的目的在于训练孩子做动作的速度、准确性、反应性，以及灵活地变换、创造动作。

三、通过美工活动发展孩子的动手能力

在实际生活中我们看到，勤于动手操作的人注意力集中，善于观察，思路开阔，富有创造精神，有些难以解决的问题，经他一摆弄，问题就解决了。

幼儿的手部肌肉正处在成长发育迅速时期，家长应当抓紧这个时机，通过有趣的活动来训练孩子的双手，既能促使其手动作的灵活准确性，又促进脑的发展!

1. 撕纸和剪纸

对于孩子来说，剪纸和撕纸都是一种很有吸引力的活动。为孩子准备撕纸和剪纸的材料很简单，一些旧画报、旧杂志上的彩色纸片，厚一点的纸板做底板用，还有一把适宜儿童使用的圆头剪刀就可以了，那你的孩子就会自得其乐了。

撕纸和剪纸是孩子玩纸的开始，是以后做粘贴、折纸的基础，家长不要忽视这项活动，一般这项活动适合3至4岁的孩子，家长可以帮助孩子学会使用剪刀，但剪刀一定是圆头的，不要太锋利，以免伤着孩子。

2. 绘画

涂涂画画是任何孩子都喜欢的活动，从一两岁开始，许多孩子就喜欢涂涂抹抹，拿支笔到处画一画，很高兴。绘画时，不仅可以使孩子手部的小肌肉协调活动，还可以发展孩子的感知觉、想象力和创造力。因此，它是发展孩子协调能力的一项很好的活动。

他们画在手上，画在身上，画在纸上，画在地板上，画在墙上，到处都有儿童绘画的痕迹，绘画伴随着孩子长大。但是家长有时不理解孩子绘画，认为是胡闹，弄脏了手、衣服，因此打孩子，无意中抑制了儿童的绘

画兴趣。

有时家长对孩子的心理不了解，看不懂孩子的画就过分挑剔，从而使孩子丧失了绘画的信心。

这些做法都不大可取，家长应该培养孩子对绘画的兴趣，给孩子创造一个良好的绘画环境。告诉孩子哪里能绘画，并给他准备好颜料和纸笔，任他去尽兴涂抹。

还要培养儿童绘画的自信心，对孩子画的画多鼓励，使他感到自己有能力画好，并经常把孩子绘的画挂在墙上让大家观赏。儿童的绘画能力被大人认可，其兴趣自然会越来越浓。如果家长只是一味地挑剔，那只能抹杀儿童对画画的兴趣。

3. 折纸

孩子折叠纸时，要折、压、翻、挑……这都需要手部多块小肌肉参加活动，对孩子手的动作的发展有很大帮助。

由于孩子的动作准确性和目测力都比较差，因此，家长要从最简单的折法教起。

教的时候，家长和孩子各用一样大的纸，家长要很耐心地折一样东西给孩子看。比如折一个千纸鹤，进一步启发孩子"你也叠一个吧"。如果孩子很感兴趣，父母可以将已折好的东西拆开，将其展开，把这张纸给孩子用，因为上面有折线便于孩子掌握。家长可用另一张新纸，自己折一下，让孩子折一下，折的时候家长还要说："先对折找中线，再打开，向中线对折，你看，变长了……"加上这些语言提示，会使孩子的动作更准确。

折纸所需要的纸并没有讲究，只要平整，能叠，不过分松软就可以使用。糖纸可以做跳舞的小人，包香烟或是包巧克力的锡纸能做成高脚杯，孩子将这些东西当作玩具。

4．捏泥

这是孩子很喜欢的活动之一，手部肌肉在捏泥中得到更全面的锻炼。

捏泥的形状有很多。3岁的孩子能学会团成小球，压成小饼，搓成长条。家长可以启发他"捏一个苹果"。

家长可以对孩子的作品加以适当的评价和指导，但是要注意鼓励孩子，并教给他们一些捏泥的方法，这样孩子会觉得更有趣。

5．粘贴

这是使用浆糊将各种材料组成图形的美工活动。通过这项活动，不仅可以教给孩子使用工具与材料，而且可以培养孩子做事有秩序、有耐心的好品质，同时也锻炼了动作的协调能力。

能够用做粘贴的材料比较丰富，如电光纸、树叶、布、某些干果的外皮、籽都可以作为材料。

万事开头难，孩子第一次学粘贴，会手足无措，总是把浆糊弄得很多。因此，第一张作品应当是家长亲自粘给孩子看，他看着看着就要自己动手试一试了。家长可指导孩子粘出一件作品，但粘好以后，要与孩子共同欣赏，并要夸奖一番。然后把作品陈列在房里，以引起孩子再粘贴的欲望。

第三章

帮孩子树立从小做强者的观念

在成年人的思维中，所谓的强者，是有能力、有魄力、事业有成的人，无论走到哪里或出现在哪个地方，都会引起人们的关注。有这样想法的人没有错，强者的确就是这样的。可是他们为什么会成为强者，而我们却不能？既然做不成强者，那么就把重心转移到孩子身上，培养孩子做强者。让孩子在幼小的心灵中树立起做强者的观念，只有这样，孩子才能在以后的激烈竞争中，立于不败之地。

关注孩子的心理健康问题

一、绝不可忽视孩子的心理问题

山东省某小学三年级学生章涛，单元测验考了28分，觉得无脸见人，便躲在卫生间用红领巾结束了年仅10岁的幼小生命。

章涛平时性格内向，学习用功，智商也很高，就是学习方法不对，成绩上不去。自卑、郁郁寡欢的性格，在其短短的人生路上埋下了隐患。

湖南吉首市一个小学五年级女生因忍受不了学校变相体罚，幼小的心灵遭受伤害，遂吊死在床架上，年仅11岁。事发头一天她上课小声说话，被老师批评并罚站30分钟。回家后她向父母哭诉"被冤枉""老师不要我读书了"，家人劝告她，她却听不进去，第二天上吊自杀了。

湖北荆沙市某重点高中女生姚某，考试时传递答卷被同学发现。她不能容忍自己出"洋相"，在差3天15岁的那天离开了人世。姚某是免试保送重点中学的，入学后成绩依然第一。她成绩优异，常受老师表扬，在家里也是听话的孩子。但她太看重分数，对荣辱过于敏感，习惯于鲜花和掌声的包围。曾因为成绩由第2名降至第6名而撞过墙的她，更不能容忍失去"好学生"的称号，终于走向生命的尽头。

湖南省一个正上小学四年级的农村孩子因为家中无钱给他交5元钱的学习资料费，自觉很丢脸，他怕老师和同学看不起自己，竟然很轻率地服老鼠药自杀了。

一个刚上初一不久的男生因为学校食堂的伙食差就在宿舍里上吊自尽了，他在遗书中表示希望他的死能唤醒更多同学的"觉醒"。

湖北黄石市一名13岁的男生从6楼翻越窗户跳下，重重地摔在地面上，当场死亡。出事的前一天，他看见一名同学手上有一盒很新潮的游戏卡，自己也想买，可手头只有70元钱，还差10元，怎么办？于是，他私自拿家中的钱准备去买游戏卡，但第二天却被其母发现。母亲很气愤地打了他一巴掌，于是他一气之下从6楼跳下来。这位同学的父亲在外地做生意，母亲是一名做服装生意的个体户，家里很富有。他在同学中常摆出"财大气粗，以富傲人"的架势。学校备有学生早餐，但他很少去吃，自己则上餐馆，出门常常"打的"。他的老师认为其父母平时过分溺爱他，一味满足其要求，使他养成了要啥有啥的习惯，一旦稍有不满足，他便产生逆反心理，结果酿成了悲剧。

山东济南市一位15岁的初三学生在家中喝敌敌畏自杀身亡。上午，她参加期末考试，自我感觉考得不太好，对自己很失望，最终转为绝望。她留下了一封遗书：

爸爸妈妈：我走了。我想我的成绩不会太好。希望莉莉（其妹）能圆我的大学梦。请多保重。希望莉莉别再走我的后路，让莉莉忘了我吧！再见了，莉莉。

——不孝之女

消息披露后，社会震惊，议论纷纷。《齐鲁晚报》开辟《女中学生之死留给我们的思考》专栏，每日刊登社会各界有关的反响。

孩子的父亲为此悲痛万分。他期望孩子成"凤"，对孩子的学习十分关切。当时，孩子考中学时成绩不太优秀，父亲还是想方设法让孩子进了快班；初二下半年，她的期末成绩由原来的二十几名下降到四十四名，她遭到父亲的严厉训斥。他让孩子立下军令状，做出保证：初三一定赶上去！

如今，这位父亲说，学校太注重升学率，家长望子成龙怎能不心切呢？

可他万万没有想到，孩子会因此轻率地走上绝路。

一位与她很要好的同学哭着说："学校招生时，就将学生分为快慢班。快班的学生都是招生时的优秀生。进了快班就意味着向重点高中冲刺。我们都很担心成绩不好，一怕家长责备，二怕在老师同学面前失面子，所以每次考试前都很紧张。"

一名高一学生说："不是我们不够坚强，而是家庭、学校、社会各方面的压力超过了我们的承受能力。"有一些学校在每次考试之后排名次，有的班甚至按名次排座位。

某中学一名初二女生说："一到考试就想到考不好怎么办，怎么对父母讲。"这位女生曾从班内的前3名跌到第15名，家长为此大动肝火。她把自己整整关了一个暑假。

一位小学生的家长说，学生逆反心理是被逼出来的。为了适应当今的社会竞争，家长难免对孩子期望过高，只想让孩子向着家长设定的目标迈进，孩子失去了个人的追求和自由发展的空间，产生逆反心理，形成厌学和对抗情绪。一位中学教师说，家长在确定对孩子的期望值时，应先打个问号，认真审定一下。家长要正确估量自己的孩子，如不切实际地盲目提高"标杆"，会造成孩子、家长都紧张，矛盾频生；考试成绩不好会挫伤孩子的锐气，使孩子意志消沉、悲观失望。孩子的智商、兴趣、爱好以及成绩是有差别的，将来的发展势头也是不一样的。

一个又一个悲惨的案例，一条条鲜活的生命在如花的年龄过早地夭折，我们的孩子到底是怎么了？透过现象看本质，我们的生活水平提高了，可是孩子们的心理压力却增加了，孩子们的心理问题层出不穷。然而家长往往忽视孩子的心理需求，心理教育在许多家庭中还是一个空白，导致孩子心中有了思想疙瘩却不能解开，越积越重，最后走向不该走的路。

二、身心健康才是真健康

身心健康是说身体健康与心理健康是息息相关、紧密相连的。但是很多人只关注身体的健康，而忽略了心理的健康。心理健康对孩子的成长有着很大的影响，家长千万不可忽视。

如果小孩成绩明显退步、不肯上学、变得不再合群、难与别人相处，父母就应该考虑一下，是否孩子心理上出现问题。假如孩子长时期受到困扰的话，会容易大发脾气、打人、说谎、乱掷东西等。

孩子情绪受到困扰时，他们并不会主动向父母说出问题，所以家长要留意子女的行为，了解他们的心理状况，从而采取相应的解决措施。

父母可以从以下4个特点来评判自己的孩子的心理状况：

1. 能够表达自己的情感。

2. 有适度的自制能力。其中，表达情绪的能力可以视为心理健康的指标。

3．良好的自我形象。

4．认识并接受自己的长处与短处。

如果发现孩子有情绪困扰，家长可以耐心地引导他倾诉心声，然后加以指导，帮助他排遣压力，解决心理问题。

心理健康的孩子，无论是遇到快乐抑或不快乐的事情，都会表达出来，而他们表达情绪的对象必定是获得他们信任又愿意听他们倾诉心事的人。因此，父母千万不要让孩子对他们失去信任感和依赖感，而且要耐心倾听孩子的言语，多与他们沟通。

有些孩子或许不敢向父母诉说心事，这有可能是由于父母太过忙碌，没有时间好好与孩子相处，令彼此关系变得生疏的原因。要改变这种情况，只有靠父母的努力。有时候亲子间的闲谈并不一定需要很长时间，每天抽短短几分钟，例如睡觉前的一刻或晚饭过后都是不错的闲谈时机。父母与孩子在亲子关系中最好再形成一种朋友关系，让孩子感觉到家庭中民主、平等、开放的氛围。

但是，一旦父母发现孩子心理上出现问题就不应该将信将疑，或不加重视，"讳疾忌医"是万万不可的。

"预防胜于治疗"，家长适宜在问题出现之前，协助子女在心理上实现健康发展。

一些孩子无论做什么都畏缩不前。不仅认生、不能很好地同他人交往，而且在学习和体育运动方面也往往不主动。父母都希望这样的孩子能积极主动一些，哪怕是一点点也好。其实，天才不仅仅是一种心理暗示，更需要具体的成功事例来证明自己。

培养孩子的积极心态

一个孩子有过他人相信其能力的经历，他就会相信自己，并最佳地发挥自己的能力。如果父母或老师再给他创造很多能让他独立完成一些事情的机会，就可以巩固他已有的成就感，巩固他的自我价值感以及他对自己的能力的信心。俗话说：失败是成功之母。有时候失败其实也没什么，最主要的是从失败中吸取教训，重新站起来。

一、家长首先要有积极的心态

如果你想要你的孩子变得快乐和善于应变，那你首先得从自己做起，因为快乐是互相传染的。

曾经乐观和积极的人也会变得悲观和沮丧，是因为他们的否定倾向已经占据了他们整个生活。悲观的态度也是会传染的。

你能够创造一种快乐的家庭生活而忽略已经发生过的糟糕的事吗？我们总能听到糟糕的事情不断发生。当我们真的听到很糟糕的事情发生在我们的现实生活中，我们很容易变得萎靡不振。但萎靡不振对事态发展有益处吗？你需要数一数幸福的事，尽力把注意力集中在好的事物上。然后，让你的孩子也这样做。

你需要以自己为榜样帮助你的孩子发现积极的事物和更出色的人，并把这些说出来。

当你的孩子开始抱怨他的学校、朋友，或者他的运动等，你应该试着这样说："噢，得了，你应该感谢你所拥有的一切。"你的孩子应该知道你不希望听到他的抱怨。同时，你要教你的孩子学会感谢生活赐予他的一切美好事物。

留心你们家里出现的一切悲观的想法，用你自己的例子让你的家人远离否定、悲观的态度而积极面对生活。

学会感激，而不是埋怨；学会自信，而不是自我怀疑；学会和平相处，而不是争执吵架；学会相信别人，而不是怀疑别人；学会踏实，而不是虚浮；学会休息，而不是疲劳；学会安心，而不是恐惧；学会自由舒畅，而不是被束缚。

注意，把这些抄在海报上并将它们贴在你家显眼的地方。当你的孩子在家的时候，如果你能营造一个诱导性的环境，那么这种环境将会伴随孩子至大学甚至更久。

无论你的孩子想或不想，他将会成为像你一样的人，因此他按照家里人的生活方式来生活。你必须成为那个冷静、稳重、能使暴风雨平息、使孩子感到重要的影响因素，这需要你花时间并且有奉献精神，但是你所做的每一件小事都是非常值得的。

二、父母帮孩子提升信心与勇气

信心就像能力催化剂，将人的一切潜能都调动起来，将各部分的功能推动到最佳状态。而高水平的发挥在不断反复的基础上，巩固成为人的本性的一部分，将人的功能提高到一个新的水准。一个人的成长路线如果是沿着这样的积极上升式行进，可以想象其积累效果是十分可观的。在许多伟人身上，我们都可以看到超凡的自信心，正是在这种自信心的驱动下，他们敢于对自己提出高要求，并在失败中看到成功的希望，鼓励自己不断努力，获得最终的成功。在那些伟人、名人身上我们可以找到自信，而在我们周围的优秀人才身上，也能看到他们不断放射出自信的光彩。

当孩子犯错误，或试着做一件事情没有成功的时候，我们应该避免用语言、行动向他们证明他们的失败。我们应该把事情和做事的人分开，我们必须清楚，做一件事情失败了只是说明这个孩子缺乏技巧，这种技巧有时是因为父母没有很认真地传授，而丝毫不影响孩子本身的价值。我们应该多让孩子犯错误，同时并不降低他自己的自尊心和自信力。孩子和成人一样有勇气去犯错误，去纠正和改正错误。敢于犯错误和改正错误是同样珍贵的。对于家长来讲，我们自己就不能泄气或失去信心。要想鼓励孩子，最重要的两条是：第一，不要讽刺他们，使他们受到不同程度的打击；第二，不要过分赞扬他们，以免产生骄傲情绪。我们所做的一切事情都要顾及到一点：不要使孩子失去信心。同时我们还要知道，如何鼓励孩子增强自信心。

从根本上增强孩子的自信心，应帮助他发现自己在整个大局势中做出多少贡献，由此找出自己的位置和重要性。我们讲述这些道理，就是想让所有关心下一代的人有意帮助孩子，让孩子懂得他们是整个社会集体的一分子，他们所做的一切都与整个社会息息相关。他们可以做出贡献，可以与别人合作，可以帮助他人。鼓励侧重于使孩子认识到自己是集体的一部分，是队伍的一部分，是家庭的一部分；而赞扬更侧重于个人、个体本身。

用鼓励的方法，我们可以教育孩子人生的真正乐趣在于感觉到自己的存在，由于自己的存在而变得更好，更强大。

在美国公众教育中，有一种趋势就是要建立各种各样的课程与活动，帮助学生建立自信心。大多数教师都认为帮助学生建立自信、自尊是教书育人最重要的一个方面。无论大人还是小孩在失败的时候，常常会对自己说："这下可彻底摔了一个大跟头。"或者说："你看，我做不了这件事吧！"或者是"我真是笨蛋，怪不得没有人喜欢我。"孩子们应该学会接受失败和错误。他们应该对自己说："这次我失败了，但我还有另外的机会。我知道我是可以成功的，下次我一定要努力。每一个人都会犯错误，我的朋友懂得这些，他们仍会喜欢我的。"有这种自信心的支持，我们的孩子才能做到百折不挠，自强不息。

在日常生活中，父母要让孩子明白，你无须做一个完美无缺的人，每个人都有不足，这一次没做好还有更多的机会，只要肯下功夫，努力尝试。英国人就是这样将孩子的自我意识塑造得完美无缺。

在英国人的幼教言论中，一个很重要的而且被经常提及的是对孩子勇气的培养。担心孩子受到意外伤害，是做父母的经常顾及的事。有时由于担心孩子的安危，过分地强调危险性，失去了孩子接受锻炼的机会，这样，孩子得不到锻炼，勇气也就无从培养。实际上，父母这样做是自私的表现，他们当然是担心自己的孩子受伤害，万一孩子受到伤害，自己的情感会受到更大的伤害。这种表现是父母的一种自我保护。要锻炼孩子的勇气，实际是对父母自身勇气的一个考验。

勇气，是一个人主动进取的动力。英国人深知这一点，所以对孩子勇气的培养也就成为英国人家庭教育的一项重要内容。如今在英国的幼儿教育中正树立这样的价值观：勇敢和坚忍的人是受人尊重的，懦弱和胆小的人是被人瞧不起的。一位记者曾这样记述他幼时的经历："有一次，我和小朋友们一起做游戏，不小心，手指被同伴弄出了血，疼痛异常，实在难以忍受，眼泪快要掉下来了。但我在心里告诫自己，一定要忍住。最后，我忍住了眼泪，装出一副若无其事的样子，和同伴们一起继续玩耍。因为我知道，一旦我的眼泪掉下来，同伴会瞧不起我，从此不再和我一起玩。英国就是这样一个国家，不养懦夫。现在，我也按照传统的办法培养我的孩子。"

磨炼孩子的心理承受力

一、坚强的意志是成功的必备条件

对不同的人而言，挫折的意义却是极不相同的。

从以往人才成长的一般规律来看，逆境、挫折的情境更容易砥砺意志，顺境可出人才，逆境也可出人才。而且逆境中成长出来的人才更具生存力和更强的竞争力。其一，他们既有失败的教训又有成功的经验，更趋成熟；其二，他们把挫折看成是一种财富，深知只有失败才可能成功，成功是建立在"失败财富"的基础之上，因此他们更具"笑对挫折""迎难而上"的风范；其三，"天生我才胜挫折"，不管是生物意义上的"用进废退"的自然法则，还是"奋斗为成功之父，失败乃成功之母"的古老箴言，在人类身上都体现出坚定的意志。

孩子必须能够接受失败，否则无法形成持之以恒的性格。托马斯·爱迪生为找一根灯丝失败过1000次；乔纳斯·索尔克为了找到脊髓灰质炎疫苗，把98%的时间都花在不成功的实验上；保尔·埃尔利西把自己发现的药物梅毒命名为606号，意味着前605次试验都失败了。这些例子数不胜数，但我们却很少给孩子们讲。失败给人们带来的感觉非常复杂，包括焦虑、悲哀等，但孩子必须学会忍受这些情感，这样才能成功，正如马丁·塞利格曼在《乐观儿童》中所写："孩子要想成功，必须要学会接受失败，感受痛苦，然后不断努力直至成功来临。这期间，每一个过程都不能回避。失败和痛苦是构成最终成功和喜悦的基本元素。正如中国人所言：失败乃成功之母。"

有位成功人士曾经沉迷于爱情而一事无成。后来他为了迫使自己挣开爱情的束缚，剪掉了自己出门用的装饰粗发辫，使自己无法再去与情人约会，只能待在家了。

正是这样，他才将自己从无所作为的深渊中拯救了出来，成了一个名垂千古的人。

意志教育让孩子们学会从堕落的虚荣心中把自己拯救出来，专心致志，使内心生活获得充实，引导自己从事伟大的事业。

二、通过挫折教育提高心理素质

挫折教育，或者说是体验困苦，每个做父母的应该将它切实用在孩子身上。

有一个独生子叫嘉嘉，已经8岁了，可看上去却只有6岁的样子，细胳膊细腿，十分瘦弱。他的妈妈常抱怨道："嘉嘉总是挑食，不喜欢的就一口不吃，宁愿饿着。"这位母亲去请教一位教育学家，这位教育学家建议用"行方疗法"，即如果孩子拒绝用餐，就将食物收走，不强迫他吃，也不给他其他零食。通常这种办法很见效，孩子以后再也不敢轻易放弃眼前的食物了。

嘉嘉的妈妈与家里人一起制订了一个详细的"教子方案"：吃饭的时候，大家各吃各的，谁也不主动劝嘉嘉吃这吃那，如果嘉嘉不吃饭，也不批评他，似乎他吃不吃饭并不重要。刚实施这个方案，嘉嘉坐在桌边不肯吃，爸爸妈妈只埋头吃饭，没有看他。嘉嘉把求助的目光投向奶奶，奶奶也是强忍着不去理会。嘉嘉愤愤离开饭桌等着奶奶来哄他，可依然没有动静。最终嘉嘉一口饭也没吃，上学去了。吃晚饭时，他又摆出绝食姿态，然而家人还是没有任何反应。到了晚上9点钟，嘉嘉终于忍不住了，大喊："妈妈，我要吃饭！"看着嘉嘉狼吞虎咽的样子，一家人露出了会意的笑容。

有人把一些独生子女犯的毛病归纳为一"强"三"差"（依赖性强，动手能力、自理能力、适应能力差），说孩子花钱大手大脚，丢了东西不好意思找，送贺年片越高级越好，早上起床不知穿哪件衣服才好；说孩子对人不感激，对物不爱惜，对己不克制，对事不尽力，是"败家子性格"。造成这些现象的原因全在教育的失误！究其原因，是有些家长保护过多、包办过多、禁止过多、希望过多。

现代家庭中，家长很少有不以孩子为中心的。尤其是城市里的孩子，都是独生子女，爸爸、妈妈、爷爷、奶奶、外公、外婆，6个大人围着一个孩子转。做父母的宁可对自己刻薄，也不愿委屈了家里的"小祖宗"，尽量先满足孩子。久而久之，势必使孩子形成"以自己为中心"的行为特点，只要求别人关心他，而他从不知道关心别人；只习惯于别人为他服务，而他却不懂得为他人尽义务；只能接受事事如意、一帆风顺，无法面对困难，承受挫折。

孩子的成长既要有父母的关爱，也要受到艰难困苦的磨炼，以培养坚忍不拔的意志和毅力。

据一项权威调查表明：中国中学生的心理素质合格率仅为17%；而美国青少年则为44%；合格率最高的是日本，其中学生心理素质为65%。

日本孩子的心理素质之所以为世界第一，源于其"挫折教育"排世界第一。所谓"挫折教育"，简单地说，就是让孩子自小受到艰难困苦的磨炼，以培养坚忍不拔的意志和毅力。所谓能吃苦或能抗挫折，包括两层含义：一是肉体上的磨炼，即要有强壮的体魄、良好的体能和应对艰苦环境的技术与能力。弱不禁风的、眼高手低的人是吃不了苦的。二是精神上的磨炼，即要有顽强的意志和毅力，要有正确对待困难和失败（以及正确对待成功）的心态，要有不屈不挠的精神和奋斗到底的斗志。意志薄弱、畏惧退缩、懒惰丧志、三心二意、狂妄自大或自卑自贱的人也都是不能受苦、经不起挫折的。从某种程度来说，心理和精神的坚毅比体魄强健和技巧熟练更重要、更持久。真正意义上的吃苦，恐怕不是一两次夏令营、军训就能解决的，而是要通过长时间的磨炼和修养才能见效。

英国已故首相丘吉尔是在一个充满鼓励的环境下长大的。他从来不认为错误是可怕的东西，如果他做错了事，他会仔细地把问题想一遍，以免将来再发生同样的事情。

有人曾经问他："丘吉尔先生，你在学校里学到的所有经验中，哪一项是最有效的？你是如何将自己培养成为一个将英国从最黑暗的时刻引向光明的人？"丘吉尔想了一分钟，然后说："是我在高中留级的那两

年。""你是不是（考试）失败了？""没有，我只是发现了殊途同归的原则。"

"英国所需要的并不是聪明和智慧，而是在最困难的时期，能够坚持下去的勇气。"丘吉尔的这段话可谓至理名言。

当家长鼓励自己的孩子努力去探索各种各样的可能性的时候，他们正在培养孩子从失败与经验中学习正确的态度和坚持下去的勇气。

如果说奋斗精神是一个民族崛起的基本动力，则纨绔化正是国家由盛而衰的主要根源。八旗劲旅依靠游牧民族的吃苦耐劳练就的铁骑强弓，终于入主中原，但贵族化了的八旗后人却在养尊处优中成了只会知吃喝玩乐的纨绔子弟，于是大清王朝丧失雄风，走向衰亡。看来，中国的孩子要想在未来的竞争中立于不败之地，还是多受一些挫折教育为好。

培养孩子独立自主的能力

作为父母，也许这些现象对你已司空见惯：一个 6 至 7 岁的孩子还不知道如何穿衣脱鞋；一个小学高年级的孩子还不知道如何整理书包；一个上初中的孩子上学和放学还需要父母接送；一个考上大学的大学生在学校因生活难以自理而极度苦恼。对此，作为父母的你肯定会感慨万千，为什么不让孩子学习和掌握独立生活的能力呢？

一个没有独立生活能力的孩子，就像雏鹰没有翅膀，永远飞不出鹰巢。只有善于独立生活、具备自立精神的孩子，才能够勇敢地直面困难与挫折，才能够经受风霜雨雪，使自己的人生之路宽阔平坦。

许多西方教育学者认为，替孩子们做他们能做的事，是对他们积极性的最大打击，因为这样会使他们失去实践的机会，这等于是在告诉他们，父母不相信他们的能力、勇气，这样会使他们有危机感、不安全感。因为安全感是建立在能够用自己的能力去应对要处理的问题的基础之上。

作为父母，培养孩子的独立生活的能力与独立自主的精神，是送给孩子一份最珍贵的"人生礼物"。

一、让孩子成为"自己"

在一次许多国家做的关于"你最希望造就下一代什么样的品质"的调查中，素以尊师重教而享誉世界的德国人却把"注重学识"这一点排在最后。仔细想想却也不难理解，在这样一个信息爆炸的时代，外在的知识量不断猛增，知识是传授不完的。所以在现代德国教育的价值取向中，重视的是孩子自身的主体性，唤醒他们处于自然状态的灵魂，陶冶他们的精神，最终使学生的个性潜能全面发挥出来，这才是教育的首要任务。这样培养出来的人不仅可以充分地吸收学识，而且可以创造新的学识。

西方教育对孩子独立意识的重视，可以说是由来已久。在德国古代的时候，儿童就被当作独立的成人来对待，贵族们往往让自己的孩子离家到另一个城堡的其他贵族那里学习怎样做真正的骑士，他们认为在离家独立成长的过程中，可以使孩子具备一个骑士所应有的精神和素质。

经过近代教育观念的变革，人们开始注重培养孩子作为一个未成年人的能力，但是放手让孩子去锻炼去挑战困难，以培养孩子自立自强的品质，这种传统意识并未遭到摒弃，很多家长和教师甚至认为这是比传授孩子知识更重要的职责。德国著名作家亨利希·曼就曾回忆过在孩提时代常常跟随父亲进城下乡时的情形，他从那时起自上而下地认识了社会。这也要归功于父亲有意识地对他进行独立人格的塑造，增强他的自我意识。亨利希·曼回忆说："和父亲一块儿走在街上，是我礼节方面最严格的训练。我必须根据每个人的地位来回答或招呼不同的对象。"

现代德国文化教育学派以斯普朗格、鲍勒诺夫等人为代表提出了"唤醒"理论，对全世界教育学的发展影响深远。斯普朗格的名言是："教育的核心是人格心灵的唤醒。"他认为，教育的目的不是传授或接纳已有的东西，而是要从人生命深处唤起他沉睡的自我意识，这也是人作为个体的创造力、生命感、价值感的觉醒。在教育的过程中不仅要解放成长者的外部力量，而且要解放成长者的内部力量，这才是成功的教育。

家长对孩子独立个性的培养还包括情感上的自立。父母对孩子从小就强调这样的思想：你是世界上绝无仅有的个体。我们自己最能了解自己的性格与真实思想，最能感受到自己的潜能与发展趋势，而且也只有我们自己，才能对自己负最后的责任。《浮士德》中有一句名言"你要成长，务须靠你自己"，这无疑也是家长和老师要教给孩子的人生真谛。

心理学者认为情感上的自立，就是割断对父母的依赖，这需要更为成熟的心态。因为有些人即使是到了青年时期，也会有类似的感受："我选择这个专业主要是希望父母能高兴。""如果父母愉快，我就觉得舒畅幸福；如果父母心情不好，我也觉得沮丧透了。"孩子情绪的好坏仍与父母息息相关，这样似乎无法称之为"独立"。

正如德国哲学家黑格尔所断言的："伟大的人立下志向是来满足自己，而不是为了满足别人。"真正具有独立精神的人对自我意识有一种强烈的需要，他们不借助这样那样的依赖就形成自己的意向，做出他们自己的决定。

因为这类依赖意识相对而言更具隐蔽性，所以对父母提出了更高层次的要求。但父母对自己儿女的爱仍有这样的成分：固然知道应该让孩子独立，但由于害怕失去孩子，而总希望孩子生活在他们为孩子所设想安排的状态里。心理学家举的最常见的例子就是："我希望你能够独立自主，所以你要按照我的话去做。"这实际上只交给了孩子"独立"的形式，而在精神领域中，孩子还是在听命于父母的安排。

英国人认为对孩子的娇宠会对孩子的发展十分有害，所以在家庭教育中特别注意鼓励孩子的独立意识。在公共汽车上，人们主动给老人、女士让座，却不主张给孩子让座。只要有条件，孩子从小就会一个人在房间里睡觉，不让孩子吃得过饱，穿得过暖；大人不陪孩子进游乐场。小学生要经常组织登山、野炊等活动，也是为了鼓励孩子独立地处理问题。

替孩子做太多的事，会使孩子失去实践和锻炼的机会，这是显而易见的。不仅如此，过分地为孩子做事，实际上等于告诉孩子他什么也不会做，是个无能儿，他必须依靠父母，否则就不能生活。这种环境中长大的孩子，一旦走上社会便会无所适从，会到处寻找帮助。然而家庭之外是找不到父母式的照顾，独立意识更无从谈起，这实际上是害了他们。英国的父母们深深地知道这一点。他们十分注重对孩子独立精神的培养，刚出生的婴儿往往是睡在摇篮中，而不是母亲的怀抱里。孩子的哺乳时间有严格的规定，如果不到规定的时间，即使孩子哭闹，母亲也不会随便喂奶。这种行为看似有些残酷，实际上从幼年开始训练子女的独立精神是十分必要的。

无微不至的关怀会造成孩子能力低下，同时不为孩子接受。进入青春期的孩子经常和父母发生冲突，有许多情况是对父母关怀的一种反抗。他们不愿让别人看到自己是个无能无用的人。他们需要在人们面前显示自己的存在，显示自己的能力，父母的包办自然造成他们的反抗。

作为父母，请你接受我们的忠告：放开你的双手，给孩子一片天地，让他自由地飞翔！

二、让孩子养成独立生活的好习惯

独立生活能力是人们生存与发展的基本能力，这种能力不是天生的，要从小加以培养。

1．不要事事代替孩子

父母代替孩子做事，不仅不会给他们带来幸福，相反，他们会因失去自己做事的机会而苦恼，他们既尝不到成功的快乐，也体会不到失败的痛苦，他们感受的是成人禁止他们做事的悲伤，这对孩子成长有百害而无一利。

孩子只有通过独立做事，才能体验到各种情感，这些情感与别人代替他们或强迫他们做事是不一样的。

苏霍姆林斯基说："一个儿童为了浇花，提了一小桶水，接着又提第2桶、第3桶、第4桶，他累得满头大汗。你不必担心，对他来说，这是世界上其他任何喜悦都不能比拟的真正的喜悦。在这种劳动中，人不仅可以了解世界，而且可以了解自己。童年时期的自我教育正是从了解自己开始的，这种自我了解是愉快的。一个5岁的小孩栽了一棵玫瑰树，树开出了一朵美丽的花，他不仅惊讶地观看自己双手劳动的成果，而且还观看自己本身：'难道这是我自己做成的吗？'这样，儿童在体验无与伦比的劳动乐趣的同时，还可以认识自己。"

2．要适时帮助孩子

帮助就是指导孩子去克服困难，这种帮助是为了使孩子早日获得独立生活的能力。

教育家陈鹤琴先生风趣地说："做爸爸的最好只有一只手。"他说："做爸爸的应当明了自己的责任，你们的责任是帮助小孩生活，是帮助小孩自立，是帮助小孩做人。"比如，你可以教孩子自己整理书架、书桌，自己布置房间，有条件就让他单独睡觉。你还可以教孩子管理经济费用，把零用钱存起来。

总之，凡是孩子自己能办的事都要让他去尝试，让孩子出马，自己退在后面。孩子学会了自己照顾自己，具备了自理能力，他就摆脱了成人的照顾，向自主迈出了一大步。

3．还要多多鼓励孩子

其实，没有一个孩子不喜欢自己做事的，"做"可以给他们锻炼的机会。孩子刚会走时就有帮助妈妈的愿望；2岁的孩子就会帮大人拿东西、跑腿；3岁的孩子自立愿望非常强烈，什么事情都想去干，但是他们还太小，独立活动能力还很差，常常会把事办糟。这时，家长就应鼓励他们试一试："你自己去倒水喝！"孩子把水泼在沙发上了，你不要责怪他，因为保护孩子的心灵远比你的沙发重要。这对他们来说，只是犯了个小小的"可爱"的错误。这样的失误，随着他们长大就会消失了。

三、给孩子足够的自主权

"妈妈，老师让我报名参加拼写竞赛。"正上初一的张琳一回到家就告诉妈妈。

"太好了，你去报名了吗？"

"还没有。"

"为什么？宝贝。"妈妈问。

"我有点害怕，台下会有很多人看。"张琳很激动，她在家是个听妈妈话的孩子，平时在学校不爱多说话，但学习成绩很好。

"我想你还是报名吧，你可以锻炼锻炼自己。不过这事情你还得自己决定。"妈妈离开了张琳的屋子。

过了两天学校老师打来电话，让张琳的妈妈说服张琳报名参加拼写竞赛。

张琳回家后，妈妈跟她谈了话，妈妈说："我不是强迫你一定报名，这事还是你来做决定，但我可以谈谈参加竞赛的利弊。参加竞赛可以锻炼自己的意志，锻炼自己的智力，增强自己的信心。赢了更好，没得名次，也无关紧要，妈妈不在乎。因为你在妈妈的心中是有能力的孩子，这点不需要用竞赛的名次来证明。"

妈妈又说："老师打电话来说，他很相信你的能力。我们对你的比赛结果并不太关心，关心的是你是不是用这个机会去锻炼自己。"有开明的父母和老师的鼓励和支持，最后张琳还是报名了。

张琳很聪明，只是太胆小，她不敢想象自己在台上对着那么多观众拼写单词会是什么样的感觉。妈妈很想让张琳见见世面，而这是一个很好的机会。她想张琳也希望通过这个机会来证明自己的能力，锻炼自己的胆量，发现自己的潜力，只是有些发怵，需要做父母的为她加油，同时又不能增加非要得名次的压力。妈妈对张琳充满了信心，但她并不催促张琳，而是让她自己来做决定。通过这件事张琳增强了自信心与勇气，而妈妈很恰当地鼓励了张琳，使她没有失去一个锻炼自己的好机会。

在这种较敏感的情况下，父母必须小心谨慎，给孩子自主权，让他自己做决定。同时我们必须让孩子知道我们对他有信心，相信他的能力。

培养孩子的自制力

我们都有这种感觉，刚刚学会骑车或开车时，通常情况下，都很兴奋，因为我们掌握了一项技术，可以驾驶着一个机械装置，到处游走。然而事实上，学会驾驭自己，给自己一个正确的航向，才是世界上最复杂而快乐的事情。

作为父母，对孩子的管教尺度十分难把握。大部分父母，总是想着用纪律来约束孩子的行为，尽量使他们达到合乎规范的要求。可是父母们哪里知道，培养出一个合乎我们规范的孩子，非但对孩子没有好处，极有可能让孩子失去原有的想象力和创造力。但如果没有纪律，孩子们又将会变得过于放纵自己，破坏固有秩序与家庭氛围。那么，作为家长应该怎么办呢？

一、自制力对人的影响

"播种行为，收获习惯；播种习惯，收获性格；播种性格，收获命运。"说到底，行为决定命运，而行为掌控在我们每一个人自己手中。控制自己的行为主要靠的就是自制力。而自制力就是控制自我、管理自我、治理自我的能力。当孩子的行为处在受控制的状态下时，那么孩子的命运就由自己来掌控，自制力是决定命运的分水岭。

为了证明自制力对孩子的影响，国外的教育家们曾做过这样一个有趣的实验，他们让一群儿童分别独自走进一个空空荡荡的大厅，在大厅里的最显眼位置放一块糖果。测试老师站在大门口，对每一个即将走进去的孩子说了一句相同的话，"如果你能够坚持到老师走进来叫你出去的时候还没有吃掉那块你喜欢吃的糖果，那么你将会得到一个奖励，奖品就是一块糖果。就是说，包括屋子内的那块糖果，你可以得到两块糖果。如果忍不住糖果的诱惑，不等老师叫你出来时，你就把那块糖果吃掉了，那么你只能得到这一块。"

实验开始，孩子们按照老师的要求依次进入大厅。结果发现，有些孩子没有自我控制能力，因为大人不在，他又受不了糖果的诱惑，把糖果吃掉了。还有一些孩子，认为只要自己能坚持一会儿，就能得到两块糖果。于是尽量地控制自己，转移注意力，就是不看那块糖果，一直等到老师来。这样他就能得到奖励，得到第二块糖果。

此后，专家们把孩子分成两组：能够坚持下来的得到两块糖果的和不能坚持下来的只得到一块糖果的孩子，然后对这两组孩子进行长期的跟踪调查。结果发现，那些只得到一块糖果的孩子在以后的人生道路上，普遍没有得到两块糖果的孩子成功。原因很简单，这些得到一块糖果的孩子比较缺乏自我控制能力，长大以后，不论智商如何高，他们都不容易成功，而那些具备自我控制能力的孩子在以后的人生中却容易取得一定的成就。

二、尽量控制自己的情感

自制力还表现在克制自己的情感、情绪冲动，不让消极行为产生，表现出应有的忍耐性。意志的忍耐力就是把痛苦的感觉或某种冲动抑制住，不使其表现出来的能力。它是意志顽强性的一个前提，二者时常是联系在一起的。忍耐力使人在执行决策和处理问题时，对忍受困难、痛苦、挫折有长久的耐力，对于突发的一些事情，在情绪上能够把握住自己，不大喜大悲，有足够的自制力，这便于稳定情绪，平衡心态，积蓄力量，等到时机一到，马上进行行动，赢得最后的胜利。

忍耐力，首先要对来自于外界的压力，有足够的承受能力，不能一遇到棘手的问题，就脆弱得马上想逃避、对其投降，这对问题的解决无一利而有百害，成功的人都是以极大的毅力和意志忍受着困苦，在艰辛中一点点地向前迈进，跌倒了再爬起来，终于到达成功的顶峰。

一个人要有忍耐力，需能适时地控制好自己的情绪，尽可能不让消极、对事物有害的情绪爆发出来，做到胜不骄，败不馁，不把喜怒哀乐表现在脸上，导致影响他人和群体的情绪，影响大局的发展。

三、避免不良文化的侵染

最近几年青少年中频频传出一连串震撼人心的犯罪事件，其中最令人忧心与困惑的是，小小年纪就会有如此严重的恶习。他们是未成年人，但犯罪之残暴程度不亚于成人，并且往往毫无悔意。

对此，学者专家们提出了许多解释：升学主义、缺乏人文教育、社会风气败坏、缺乏道德感、罪恶感……然而有一项重要的因素并未被提及，青少年都是在电子媒体、电子文化侵染下成长的一代，他们几乎没有什么"童年"，过早地介入成人世界，去参与他们内心还无法承受的成人游戏。

根据传播学者的研究，在电子媒体（尤其是电视）发展之前，孩子的社会角色要受限于他们所在的场所，通常是师长们所认定的适宜场所。而电子媒体则使他们有机会介入了成人的互动，使孩子可以轻易地窥视成人世界的秘密，一览其表面行为的"后台"。在过去印刷媒体挂帅的时代，由于阅读印刷文字需要读写能力，所以这部分的内容对儿童而言是隐藏的、较不易接触到的，在老师和家长的鼓励下，儿童有能力自我节制，他们比较能明是非。这种信念，学者们认为，有助于儿童发展其健全的自我观念，并因而培养其理性的能力，即使在面对困难时也能保持理性。然而现在的电子媒体则使儿童和成人无区隔暴露在同一社会情境中，儿童可以从电视中学到的不仅补充了家庭、学校知识的不足，而且还包括了许多反面教材，进而有助于颠覆学校和父母在儿童早期社会化中的权威角色，最终则促成了"童年的消逝"。

处于青春期的孩子，内在自制力得到较大的发展，但这是一个曲折的过程。在青年期初期，由于身体的迅速发展打乱了原有的心理平衡，所以14岁左右的少男少女的自制力反比11岁左右的更差，最容易有超常行为。此后，随着青少年独立性意识的增强、认识能力的提高，他们的意志也越来越坚定，但与成年期相比，也还处在不太稳定的阶段，其观察和对待事物往往是直观和片面的，思想和行为容易受外界环境的影响和支配，对事物的模仿本能显得很突出。他们不仅模仿自己生活周围的语言、风俗、习惯等，而且对刺激性高、与个人生活密切或自己特别感兴趣的行为和思想也会去模仿。因此，当宣传报道、电影、电视、文艺作品中出现了新的犯罪形态和行为方式、手段时，便在他们中很快蔓延开来。实践中，很多青少年就是意志力不强，在对新奇事物盲目模仿中走上了犯罪道路的。

而今天，在电子文化下成长的孩子们，当他们的童年心消逝或缩水后，他们也逐渐丧失了培养其自制力的阶段，在面对成人世界的种种烦恼、挫折和困惑后，遂不免采取了某些极端、脱轨的行为。

日本学生家长对家教内容的选择，忍耐力、自制力的教育占到了第四位。中国的家长注重子女取得好成绩并获得学历的教育的人数比率达43.9%，远远超过日本家长，这与中国长期以来重视学历教育、追求升学率息息相关。

培养孩子的人际交往能力

一、让孩子学会待人接物

家里来了客人，不同的孩子会有不同的表现：

有的孩子在家里来客人时，能主动招呼客人，拿出糖果招待客人，表现出热情而有礼貌。

有的孩子见了陌生的客人，站在角落里，不声不响，默默地注视着客人的举动，即使客人跟他讲话，他也是笑而不答，或表现出紧张，有的甚至躲起来，不肯出来见客人，显得胆小、拘谨，对客人的出现态度冷漠。

有的孩子则相反，见家里来了客人，便拼命地表现自己，一会儿要喝水，一会儿要吃东西，一会儿翻抽屉，甚至为了一点儿小事大哭大闹，显得不懂礼貌，不能克制自己，以"人来疯"的方式引起别人对自己的注意，表示自己的存在。

孩子在家中来客时的种种表现虽然和他们的个性心理有关，但更多的是和家长平时对孩子的教育有关。那些在家中来客人时表现较好的孩子，家长往往比较重视在这方面的培养，让孩子和成人一起接待客人。孩子逐渐地消除了对陌生人的紧张心理，学会了一些待人接物的方法，表现得落落大方。最初，孩子是不会接待客人的，这就需要父母的帮助和引导。怎样培养孩子接待客人的能力呢？

1. 让孩子做好心理准备

在客人尚未到来之前，父母应告诉孩子什么时间谁要来。假如客人是第一次上门，还要告诉孩子，客人与父母、与孩子的关系，该如何称呼，使孩子在心理上做好接待客人的准备。

2. 共同做准备工作

家长可以和孩子一起做接待客人的准备工作。如打扫房间、采购糖果，和孩子共同创造一个欢迎客人的气氛。

3. 指点孩子接待客人

例如，客人来了，家长要指点孩子招呼每一个人，请客人坐，请客人吃糖果。还可以让孩子把自己的玩具拿出来给小客人玩，把自己的相册拿给大家看。

4. 让孩子学着与客人交谈及适当为客人表演节目

家长应鼓励孩子大方地回答客人的问话，提醒孩子别人在讲话时不随便插嘴。如果孩子在某一方面有特长，可以提议让孩子为客人表演，制造一种轻松、愉快、热烈的气氛。但不能每次来客人来都让孩子表演，过多表演会让孩子形成刻意表现自己的坏习惯。

5. 根据孩子的特点提要求

让孩子学习接待客人时，要注意根据孩子的特点提要求，不要强求孩子做不愿意做的事。例如，对待胆小怕生的孩子，要求简单些，可以让孩子与客人见见面就行，以后再逐步引导，提高要求。对于"人来疯"的孩子，父母应先让他离开大家一会儿，将其冷静下来后，再让他和大家在一起。切忌在客人面前大声训斥和指责孩子，以免伤害孩子的自尊心。

6．评价孩子在客人面前的表现

客人走后，要及时评价孩子的表现，肯定好的地方，指出不好的地方，并要求孩子今后改正，使孩子接待客人的能力逐步提高。

二、让孩子学会择友

培根曾经说过："缺乏真正的朋友乃是最纯粹最可怜的孤独，没有友谊则内心不过是一片荒野……凡是天性不配交友的人其性情可说是来自禽兽而不是来自人类的。"可见，交友在人的一生中非常重要。

交友固然重要，但是，如果滥交朋友，其害处更大。墨子认为"人生如素丝"，染于青色为青丝，染于黄色为黄丝，放进五种不同颜色的染缸里染过后，就成了五种不同颜色的丝了。人生亦然。士亦有染，染于良友则好，染于不良友则坏，"故染不可不慎"。青少年刚刚接触世界，人生正如素丝，一张白纸一般，如果不慎染上黄色或黑色，想要揩掉就很难了。

孔子把朋友分为"益者"和"损者"两大类，孔子认为，与正直、诚实可信、见闻广博的人交朋友，是有益的，而与阿谀奉承、两面三刀、夸夸其谈的人交朋友，便有坏处。

所以，父母要给孩子多打预防针，让他们有充分的思想准备，有一定的识别能力，能够选择对自己有良好影响和帮助的益友。

在这里，我们特别讲一讲英国著名的物理学家欧内斯特·詹姆斯·沃尔顿的成长故事：

> 沃尔顿的母亲出身贵族家庭，很有文化修养，待人温和善良。她非常疼爱孩子，却从不娇惯孩子，在学习和品德上，她的要求一向特别严格。

> 小沃尔顿虽然非常聪明，但学习成绩却一直不好。母亲并没有责怪、训斥他，而是一直关注着他。一段时间后，母亲终于找到了沃尔顿成绩不好的原因，主要是择友不当。

> 母亲发现沃尔顿结交了一些纨绔子弟，终日只知玩乐而把学习丢在一边，于是母亲当下决定为沃尔顿找一个好的学习环境。他们先后两次搬家，并一连换了三所学校。母亲与沃尔顿朝夕相伴，耐心调教，循循善诱。经过一段时间的努力，终于把沃尔顿引上正轨，他的学习成绩迅速提高上来。

在择友上除了教育孩子区别益友、损友外，还要使孩子们懂得有些朋友是会变化的，随着环境的改变，一个人的际遇会发生很大的变化，有些人从高层跌落低谷，有些人从贫穷跃为富翁。如果是诤友、益友，会始终如一地为朋友喝彩欢呼或分担痛苦，但有些朋友则会因为你际遇的不同而改变态度，他在你上升阶段，会与你分享快乐，而在你需要帮助和鼓励时，他却无影无踪甚至落井下石，这些便是损友了。

因此，朋友亦需经过时间的考验，岁寒然后知松柏之后凋也。

认识世界包括认识世界的实质、本来面目，还包括认识世界上生存的人类，以及人类的种种行为，因此这是一个非常复杂的过程。青少年刚刚踏人社会，会遇到许许多多意料之中和意料之外的事情，会碰到许多无法想象的困难，因而在行为准则上也要有"岁寒然后知松柏之后凋也"的思想观念，不要一受到挫折就缩手缩脚，一遇到困难就打退堂鼓，这样永远都不会有出息的。

因此，父母要教育孩子择友时要慎重，要用时间去考验、识别益友和损友；而一旦发生友情危机，受到了伤害，也要有经得起挫折的勇气，有迎接新生活的决心。

培养孩子的责任感

一、正确认识孩子的责任感

有不少家长经常对孩子这样讲："现在生活好了，我们不需要你为家操一点儿心，只要你做个好学生，将来有所作为，我们再苦再累也心甘情愿。"其实，家长们的这种观点是错误的。不让孩子为家操一点儿心，实际上就是剥夺孩子的责任心，没有责任心的孩子，又怎么能在将来有所作为呢？

在以往比较艰苦的环境中，孩子们更多地参与家庭的生活筹划，帮助父母持家守业，照顾兄弟姐妹，知道父母谋生之不易，自己必须为父母承担一部分责任，尽自己的义务照顾弟妹，省吃俭用为家里减少生活负担，看见父母为照顾一家生活而辛苦劳作，感到自己肩上的责任，希望有一天能够为父母排忧解难。这一切都使孩子从小看到自己生活的意义，看到自

己的行为给他人带来的影响，感到自己是有用处的，由此而生自豪感和责任心。当然随着孩子年龄的增长与社会接触面的扩大，这种责任心与自豪感也会增长、扩大，不只局限于自己的小家庭。但从小家庭中培养出来的这种感觉，却是增长其未来责任感的基础。

生活环境改善了，学校设施更新了，新的教学法，各类课外辅导，父母的全力支持，这一切是否促进我们的孩子更发奋读书，更自觉要求自己呢？情况并非如此，而且恰恰相反。孩子的学习自觉性差了，对自己的要求也降低了，然而更主要的是孩子的责任心被丢到脑后了。他们有受电视和其他一些大众娱乐媒体传播物质的影响，但关键的是环境的改变使孩子们失去了重心。

一个没有责任感、没有价值感的孩子，因为找不到自己在社会中的地位与重要性，会感到迷惘，因而失去创造价值的动力，容易被其他一些物质性的、轻浮的事物所吸引，沉溺其中。我们今天的新一代享受着前所未有的物质文明等一切便利条件，独生子女的优越的生活条件使他们以自我为中心的倾向加重。虽然我们不断地教育孩子，他们的成长关系着国家的命运、民族的长盛不衰，但由于没有用更现实可能的目标与体会来鼓舞、激励他们，这些长远的目标就显得空洞，缺乏实际意义。现实需要父母与社会教育工作者一同找出途径与手段，来弥补成长中的孩子在新的社会环境中所缺乏的重要一课，找出对孩子们成长有根本意义的家庭社会因素。

这是一件不容易的事情，因为我们做父母的同样面临着新的社会环境对我们的挑战，许多东西是我们所不熟悉，甚至没有见过的。随着社会进步我们的观念也需不断变化，在以往的传统教育中，我们不可能找到现成的答案，因此要靠我们不断地探索、研究、借鉴与学习。

一个对培养孩子的责任心与荣誉感非常有帮助的建议是：无论在家里还是在学校，都要让孩子充当一些有意义的角色，使他们感到自己的行为对集体所产生的重要性，同时也培养他们战胜自己弱点，增长各种能力的信心。在美国从幼儿园开始，孩子们就轮流担任老师的助手，帮助老师组织各种活动，以锻炼他们的责任感和能力。孩子们都很愿意参与，并为自己日渐增长的能力感到自豪。

在家庭中，父母应有意识地分派给孩子一些力所能及与其年龄相当的劳动任务，例如打扫卫生、负责为花草浇水等。与孩子进行平等的交流，也是培养其责任心的一种方式，不但要倾听他的心声、感受，也要同他谈些自己的喜怒哀乐，当然内容应是孩子所能接受的。谈谈建设家庭的计划，在孩子大一些后，甚至可以与孩子商讨家庭财政安排。

一般来讲，父母多与孩子谈一谈自己的小世界，他们可能比较愿意参与这种谈话，但要求他们谈自己的内心感受与社会体验，他们却显得十分犹豫。他们的想法也很简单："孩子那么小，懂得什么？"因此，很多家长对在孩子小的时候与之交流及培养他的责任心均未能给予重视，认为孩子就是孩子，他什么都不懂，等大了以后再说吧。殊不知，他长大了以后就不听你那一套了，或者不等他长大已经满身毛病。有些家长可能会说："大人的事我怎么可以同孩子讲，再说我忙得够呛，哪里有时间去和孩子闲扯？"其实孩子的理解力是很强的，而且对外界的观察力很敏锐，只不过他们的心理活动有时被大人忽略。做父母的常常会听到孩子的问话："妈妈怎么啦？怎么不高兴啦？"这是孩子对父母关心的一种表现。但我们一般给予的答复是："没有不高兴。"或"大人的事。你不懂。"而对家里其他事，如花销添置，更与孩子无关。久而久之，给孩子留下的印象就是："这家里的事与我没有什么关系，我只要不惹麻烦，衣来伸手，饭来张口就可以了。"这样成长起来的孩子，会感到家长除了管管他的学习、吃住、生活，对他没什么帮助。这种方式培养出来的孩子，自然不会懂得什么是责任。

如果我们的家长能够向孩子多敞开一些交流的大门，向他们讲一讲成年人的苦恼、家事的繁琐、工作的困惑，那么孩子从小就会懂得父母之不易、生活之艰辛，产生为父母分担忧虑的念头。而父母应捕捉住孩子的心愿，对他们的理解与分忧的愿望表示欣赏，并且为有这样懂事的孩子感到骄傲。聆听他们的意见，采纳他们有价值的建议，欣赏他们帮助父母和家境的举动，这些都能激发孩子的责任心。让孩子对父母的工作经历及家庭的日常事物进行了解与分析，也是帮助孩子洞察世事、了解生活，锻炼他们的分析、判断与处理事物的能力，为孩子将来走上社会打好基础。

二、小心呵护孩子的责任惑

假如一个小孩子能把事情独立地做好，事情做错了又能把它修正，说出来的话说到做到，我们就会觉得这是个有责任感的孩子。

有责任感的孩子遇到紧急情况的时候会想办法去处理，碰到该做的事会自动地去做。比如，纯纯虽然只有3岁，但看到她的小弟弟摇摇晃晃地走到街上，会急急忙忙地跑进屋子里告诉妈妈。4岁的小成在公园里玩耍，会自动地把垃圾捡起来丢进垃圾箱里。也有许多有责任感的小朋友看到火就会赶快告诉大人。若是家人生病了、受伤了，也会设法找别人来帮忙。所以说，孩子越懂得照顾自己和帮助别人，他们就越有责任感。

刚刚生下来的孩子完全以自我为中心。他们只要一哭，饮食起居就被照顾得妥妥贴贴。等到孩子1岁大时，"不"字就在他的生活里出现了：

不要乱翻东西，不要撕书，不要扯妈妈的头发，不要玩纸篓里的垃圾，不要吃掉地上的脏东西……这些"不"字让他们感觉到自己的行为是一种责任。

孩子2岁的时候就会盼望着长大。这时他们的吃喝都想自己来，自己也会脱衣服了。他们最喜欢做的事就是跟着大人洗衣服、打扫房间、炒菜做饭。他们对小跟班这份工作乐此不疲，而且很多事都想要一个人完成。

3岁大的孩子会让父母觉得他们长大了。他们会自己上厕所、穿衣服、洗手、刷牙，甚至会自己想出好玩的花样。有时家里的人身体不舒服了，或是情绪不好了，他们还会给予无限的同情与安慰。

等到孩子4岁时，他们的行为会横生枝节。下面以春春做例子。春春同父母讲话的时候渐渐没有礼貌，会尿在妈妈种的树苗上，还不时听到他说脏话。但是他还是有负责任的一面，比如当他打破了家里的盘子时，大家都看得出他自责不已。

5岁的小孩更懂事了。他们会自己上学去，会自觉地把功课做好，自己做简单的早餐，帮父母照顾小弟弟、小妹妹。在零用钱上，他们也模仿大人做起计划来了。

你的孩子几岁了？是否也有与他年龄水平相适应的责任感？那么，你又该如何培养孩子的责任感呢？

1. 父母不要帮小孩子把每件事都做得很好

如果父母肯花时间耐心地教导小孩子，小孩子很快就会知道要怎样自己吃饭、穿衣、刷牙，怎样整理自己的玩具，怎样把脱下来的衣服挂起来，怎样铺自己的床。这些生活上的事情，学龄前的孩子都可以学的，大人要给孩子学习的机会。

2．不要过分地保护孩子

有些父母担心孩子被欺负，所以不准自己的孩子和别的小孩儿一起玩耍。没有玩伴的孩子，身心发展会停滞在2岁的阶段，这样是不健康的。通常小孩子在和同伴一起玩耍时，会自然而然地学会怎么照顾自己。有的时候孩子还会主动地去照顾其他的小朋友。

3．孩子做事给予一定酬劳作为奖励

酬劳可以让孩子从小有一种用工作来换取报酬的观念，同时他们也可以学习像大人一样，把手上的钱依照需求来分配使用。

4．父母要言而有信

假如答应孩子周末要带他去公园玩，到了周末就一定要履行诺言。万一孩子忘记了，也要提醒自己曾经答应他去公园玩这件事。

5．赞美孩子一些负责行为

即使是小事，或是做得拖泥带水，或是嘟着小嘴去做，大人也一定要记得赞美。大人的赞美会使孩子觉得自己受到重视。受到重视的孩子会越来越有责任感。

三、通过做家务培养孩子的责任感

孩子有时会主动要求做家务，这是好的现象，但在做的过程中，家长应注意孩子的安全问题。如果有保姆打点家务，究竟是否让孩子主动帮忙做家务呢？如何让成长时期的孩子不会越帮越忙，又能获得正面的经验呢？这是为人父母急需面对的问题。

从婴儿期开始，一般孩子都喜欢帮父母做点儿事情，以博得赞赏。孩子喜欢不断观察及模仿周围的事物，尤其是周围人的一举一动。

当孩子有独立的能力时，他便会强烈地要求参加家务劳动，这时候父母的责任就是在安全的情况下满足孩子的好奇心，让他有参与的机会，让孩子成为一个逐渐具有资格的"小帮手"。

由于父母很忙碌，一般没有时间耐心地教孩子如何做家务，那么利用什么时间以及如何去教导孩子开始做家务的问题，是需要父母考虑的。

如果你的孩子曾经说："我做不了。"那么就帮助这个孩子完成他的任务。但我们还应该不断鼓励孩子们去尝试。家长们可以给孩子提供机会，让他们在家庭事务中接受责任。下面是培养孩子责任感的一些方法。

1．让孩子捡起所有的玩具、书或其他个人物品。不要接受孩子的任何有关不能完成任务的借口。

2．让孩子自己穿衣服，越早越好。

3．让孩子们自己铺床、自己叠衣服。当然你要做好榜样。

4．让孩子们帮助你清扫房间——拖地板或抹家具等。

5．让孩子把要洗的衣服归类。

6．在合适的年龄让孩子准备晚饭。

7．让孩子在吃过饭后，擦桌子、收拾碗筷。

8．如果合适，让你的孩子去购物。

如果孩子越有责任感，他们将来越有可能成为成功的人士，因为他们已经经历过了成功的感觉。缺乏成功经验的孩子，当他们长大后会更有依赖性，更缺乏自信。在我们的生活中，我们还会看到一个25岁的大人依然依赖他的家长。如果一个孩子时时有鼓励相伴，他会变得更自信。

第四章
提高孩子的IQ和EQ

智商是智力商数的简称（IQ），是通过一系列标准测试测量人在其年龄段的智力发展水平。智力也叫智能，是人们认识客观事物并运用知识解决实际问题的能力。情商（EQ）代表的是一个人的情绪智力之能力。简单来说，EQ是一个人自我情绪管理以及管理他人情绪的能力指数。合理有效地提高孩子的IQ和EQ对孩子的发展起到重要的作用。

注重孩子的智力培养

智力对于心灵，犹如健康对于身体。有了聪明的头脑，就像在黑暗中有一盏明亮的灯。而一个人智力的高低取决于孩提时代的教育，取决于孩子智力潜能的开发。

要开发孩子的智力，就必须关注孩子的好奇心，激发孩子的学习热忱；必须培养孩子广泛而持久的兴趣，使孩子的学习从自发走向自觉；必须给孩子更多的关心、爱心与耐心，挖掘孩子的各种潜能，让孩子获得全面的发展；必须培养孩子独立思考、喜爱读书的习惯，让孩子成为学习的主人。

一、幸福家庭是孩子智力发展的沃土

每一个孩子都渴望沟通，和孩子谈话、聊天恰是灌输知识的最佳途径。

一家人都忙碌了一天，晚饭后坐在一起闲聊，做家长的可以一边休息，一边讲几个有趣的益智小故事，或是弄几道动脑筋小游戏大家一起玩；还可以大家一起讲故事，看谁讲得最好；也可以一家人手拉手出去散步，爸爸、妈妈可以和孩子一起数星星，给他讲各种天文知识，一起看灯，讲电的知识，一起看汽车，讲一讲汽车为什么会跑；也可以在送孩子上学或回家的路上，给他讲各位伟人小时候勤奋好学的故事，或是让孩子讲学校中发生的各种事，学到了什么知识……这个时候，孩子是非常愉快的，他们会在不自觉中很快就掌握了许多知识，开发了大脑。

在这种和谐的家庭环境中，孩子们除了能最大限度地获取知识外，还能感受到很多语言所不能表达的东西，像家庭、和谐、温馨、关怀、爱……而这些，不但有益于孩子的身体和心理的健康发展，对于促进孩子的智力发展，同样非常重要。

二、抓住关键时期发展孩子的智力

1920年在印度加尔各答东北山地发现了两个狼孩，即从小被狼抚养的儿童。两个狼孩都是女性，大的发现时约8岁，后来取名为卡玛拉。小的2岁左右，取名叫阿玛拉。人们在狼窝里捕获她们后将她们送到了孤儿院，辛格牧师对她们进行精心的照料和教育。卡玛拉活到了17岁，而阿玛拉第二年就死了。虽然辛格牧师对卡玛拉进行了长达10年的教育培养，卡玛拉只学会去掉了一些狼的习性，学会了穿衣、直立行走，知道了一些简单的数学概念，能讲一些简单的话。尽管人们费了很大的精力，但卡玛拉在17岁时智力水平仅能达到正常3至5岁儿童的水平。

为什么会出现这种状况呢？原因在于智力水平的发展存在一个关键期。所谓关键期是指，某些行为是在人发育的某个阶段在适当的环境刺激下才会出现，而如果在这个时期缺少适当的环境刺激，这种行为就不再产生或很难出现。比如有人提出，8岁以前的任何一名儿童无论把他放到世界上什么国家，他都能很顺利地学会那个国家的语言，而8岁以后再去别的国家，语言的掌握就变得非常困难。因此，8岁以前是语言发展的关键期。

我国著名教育专家殷红博在《儿童关键期与超常智力开发》一书中提

出了各种能力与非智力心理素质发展的关键期，这几个关键期的智力发展状况是：

2岁半左右是幼儿技术能力开始萌芽的关键期；

3岁左右是幼儿开始学习自我约束，建立规则意识的关键期；

3岁半左右是幼儿动手能力开始发展成熟的关键期；

3岁半左右是幼儿独立性开始建立的关键期；

3岁半左右是幼儿注意力发展的关键期；

3至5岁是幼儿音乐能力开始萌芽的关键期；

3至4岁左右是幼儿初级观察能力开始形成的关键期；

4岁左右是幼儿开始学习外语的关键期；

4岁半左右是幼儿开始对知识学习产生直接兴趣的关键期；

5岁左右是幼儿学习与生活观念开始掌握的关键期；

5岁左右是幼儿掌握数学概念、进行抽象运算以及综合数学能力开始形成的关键期；

5岁半左右是幼儿抽象逻辑思维开始萌芽的关键期；

5岁半左右是幼儿掌握语法、理解抽象词汇以及综合语言能力开始形成的关键期；

5岁半左右是幼儿悟性开始萌芽的关键期；

5岁半左右是幼儿学习习惯以及学习的成功感开始产生的关键期；

6岁左右是幼儿社会组织能力开始形成的关键期；

6岁左右是幼儿创造性开始成熟的关键期；

6岁左右是幼儿观察能力开始成熟的关键期；

6岁左右是幼儿超常能力结构开始构建，并快速发展的关键期；

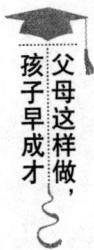

7岁左右是幼儿多路思维开始形成的关键期；

7岁左右是幼儿操作能力开始形成的关键期；

8岁左右是幼儿自学能力开始形成的关键期；

8岁左右是幼儿自我控制与意志坚持性开始成熟的关键期；

8岁左右是幼儿阅读能力和综合知识学习能力开始形成的关键期；

8岁左右是幼儿欣赏艺术和美感的能力形成萌芽的关键期；

9岁左右是儿童初级哲学思维产生的关键期。

在现实家教过程中，如果错过这些儿童发展关键期的培养与开发，就会影响孩子身心的正常发展，最终使孩子成为智力不发达者。所以父母们应该切记，要想使你们的孩子成为高智能人才，就必须抓住孩子智力成长的关键时期。

科学训练能提高孩子的IQ

一、训练要讲究技巧和方法

中国人"望子成龙"心切，对孩子的智力投资舍得花血本。特别是有些父母，他们在经济十分紧张的情况下，花钱送孩子进各种辅导班；在十分繁忙之中"挤"出时间辅导教育孩子。这种心情可以理解，但是花了钱、费了力，却不一定能取得预期效果。这是为什么呢？专家认为有如下几点：

1. 训练的内容必须浅显易懂，是孩子可以理解的，或者见得到的。

2．要尽量让训练方法具体、直观、形象，还可以让孩子们做些小实验，亲自去发现一些东西。

3．千万不要拔苗助长，干一些孩子不能接受的事情。

如果这样，往往会得不偿失。在智力训练过程之中，父母要关注孩子的智力发展水平，"对症下药"。如果孩子在平时的生活、游戏中表现出超常智力，父母要及时增加难度。如果孩子表现欠佳，父母不用着急，应该想办法给予更多的关心和帮助，激发他的兴趣，"一步一个脚印"，从一些简单的东西开始，让孩子从成功的欢乐之中增加信心，不断进步。

4．花钱、出力，是父母的一种态度，一种心情，是否能取得好的效果，与此并不成正比。方法适当，花小钱，出巧力，事半功倍，反之，就只剩下事倍功半了。

父母指导智力游戏应该有充分的准备：

1．父母应该首先学会各种训练的方法和规则

训练计划是有规则的，其任务、内容、方法是孩子首先必须掌握才可能进行的。如果连这些都不知道，训练是没法进行的。父母应该用简洁、生动的语言向孩子讲清楚这些东西，有时还必须进行示范或演示，帮助孩子玩好游戏。

2．训练方法必须规定一些智力任务

父母应该结合孩子的年龄特征和实际水平，培养孩子的兴趣，选择或编制训练计划。训练的内容、要求等不能太容易、也不能太难，否则将不会发挥正面作用。

二、利用游戏进行训练

孩子希望父母跟他一起玩游戏，这是孩子非常渴望的事情。为人父

母，应该有这份"闲情逸致"。但是，有的父母并不明白这一点，他们要么拒绝孩子的请求，要么随意中断正在进行的游戏。这样不仅影响了父母与孩子应有的情感交流，而且打击了孩子参与游戏的积极性。其实，游戏能拓展孩子的知识面。如果父母掌握得好，还能通过适当的训练，促进孩子智力的发育。因此，聪明的父母都能积极参与到孩子们中间来，并在游戏中不断训练孩子。

在游戏当中，父母应当注意以下几个方面：

1．让孩子体验和认知他人生活。父母应该经常提醒并鼓励孩子观察日常生活，了解各种人物的活动，特别要让孩子观察父母的生活。

2．父母要有意识地让孩子也当当"爸爸""妈妈"，体验一下做父母的滋味。这种滋味是有益的。他会从中体验到父母的辛劳，不断地加深对父母的理解。

3．在游戏之中，父母不仅是一个角色，而且还要策划、指导，因此，当孩子违反规则，父母要注意提醒，但千万不要让游戏半途而废。如果游戏中止，会极大地打击孩子对家庭角色游戏的兴趣和积极性，影响是比较严重的。

任何一个孩子，从小就拥有一种想要学习的潜在欲望。如果我们能够在适当的时机，用适当的方法，让孩子满足这种迫切学习的欲望的话，那么孩子的智力将会无限地发展下去。

一项幼儿研究表明，对3至6岁的儿童施以智力因素的刺激后，每一位儿童在智能开发及智慧教育方面上，都获得显著的成果。

大量的研究也表明，幼儿的智商接受指导后会逐年迅速上升。不过，幼儿的健全教育得靠德、智、体、群等四育来相互配合教导，方能有所成效。

数目游戏是促进幼儿IQ中一种最有效的方法。小孩子们可以借着"数目的游戏",将本身的言语活动,对外界的认识,独立的思考,适应社会生活的行为及对事物的创造性等种种能力,互相关联而无限延伸孕育出来。

但是,家长必须做好以下准备工作:

首先,数目是学习一切事物的基础,为了促进孩子身心的平衡发展,尽早准备一个让孩子对"数目"产生兴趣的环境。

其次,并不需要特定的人来教数字,在日常生活中,我们可以通过游戏、生活的体验及图书课本等方式,让孩子对"数目"产生兴趣并牢记于心。

指导孩子学习"数目"之前,必须先从理解表示个体事物的词汇开始,并从生活中体验与之有关的色彩、形状、空间以及直觉上不可计量的事物等。

经过了这个学习阶段后,使用饼干、苹果等实体的东西,灌输其量词的使用(个、匹、只……)、数字的念法(1、2、3……)等,使其了解相对之间的概念。

希望家长能和自己的孩子共同以一种游戏的方式,学习知识,提升IQ。兴趣是最好的老师,激发兴趣是促使孩子自然学习的重要做法。

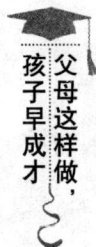

智力与学习知识、学习成绩的关系

一、智力开发与学习知识要并重

一位慈祥的母亲，在教自己3岁的孩子数数，"1、2、3、4、5、6、7……"孩子看着母亲的嘴随和着。多次练习后，孩子流利地数着"1、2、3、4、5、6、7……"母亲以为孩子会数数了，满意地笑了。客人来了，母亲把孩子介绍给客人："给叔叔数个数吧。"孩子流利地数一遍，博得了客人的赞扬。客人伸出3个指头问："这是几个？"孩子却摇头了，回答不出来。母亲也茫然了，心想："孩子为什么不会说呢？"

上述例子给我们每一位家长提出了一个极为深刻的问题，怎样教孩子学习知识才最有效？如何使孩子在学习知识的同时，不会停留在死记硬背的水平上，而能够理解和运用知识？

要清楚地认识这个问题，我们就要对知识和能力的关系进行分析。知识是人们对客观事物的观察和对前人经验的科学总结。对于孩子来说，主要是通过学习来完成知识的内化过程，即把原有的知识变为自己的经验体系。通俗地说，就是孩子通过学习，知道"这是什么""那是什么"或是懂得"这是为什么""那是为什么"之类的问题。而智力则是人们在认识客观事物知识的基础上发展起来的,把自己的经验用于分析、观察事物,解决问题的能力。就如上述例子中,"1、2、3、4、5、6、7……",就是前人总结的经验,孩子学会数数,从某种程度上就学到了数数的知识,而数客人伸出来的3个指头,则是要把数数的知识用来数指头,这就是智力活动的表现。

这就是说——知识是智力发展的基础,智力是在已有的知识的基础上所升华的能力。但智力和知识并不能等同,掌握了知识,智力就同步发展的观点是不正确的。智力不仅与掌握知识的多少(量)有关,更与知识的质有关。那种只问其然,不问其所以然的知识,不会成为智力结构的因素,只有融会贯通的知识才能成为智力结构因素。

家长在教育孩子的过程中,忽视孩子对科学知识的学习,一味去搞智力发展、能力培养,同时,把知识和能力、智力等同起来看待,认为学到知识,能力和智力就自然而然得到发展。

正确的做法应该是在教孩子学东西、掌握知识的过程中,启发孩子积极思考、开动脑筋。注意要教会孩子运用知识解决问题的技巧,培养孩子分析问题、解决问题的能力,才能使孩子在掌握知识的同时,更好地开发智力。教育过程,是一个使孩子知识积累和智力开发的过程。

二、智力水平与成绩的关系

智力水平的高低与学习成绩的好坏有很大关系,在一个班里,学习成绩好的大多是聪明伶俐的孩子,他们接受能力强,反应快,思维敏捷。

智力与学习是一个相互联系的整体,一定的智力发展水平是学习的必要条件,学习需要以一定的智力水平为基础。而人的智力又会在学习知识的过程中不断发展、提高。那些由动物养大的狼孩、猴孩，他们生来具有人类的遗传因素，但由于他们从小就离开了人类社会，失去了接受教育、学习知识的机会，因此，即使他们长大以后，回到人类社会之中，也仍然无法达到正常人的智力水平。我国宋代有一个"神童"名叫方仲永，他5岁时就能写诗作赋，备受称赞。他的父亲引以为荣，带着他到处炫耀，而没有鼓励他继续深造。方仲永因此而停滞不前，到了十二三岁时，就已经"江郎才尽"了。

每一个来到人世间的健康的婴儿，他们的智力水平都相差无几。那么，为什么到了成人之后，他们之间的智力差距会非常大呢？这就是后天培养的结果了。也就是说，是由家庭和学校以及孩子个人诸因素决定的。不同的环境、不同的教育，造就了不同的孩子，使儿童智力发展出现差异。正如高尔基所说过的："人的天赋像火花，它既可能熄灭，也可能燃烧起来。"

天下的父母都希望自己的孩子健康、聪明，而要把这美好的愿望变为现实，就要以科学的态度育儿，以科学的态度开发孩子的智力。如果一个孩子幸运地具有了优秀的天资，受到了良好的教育，自己又肯努力，那么，他的成绩一定名列前茅，日后，他无疑会成为一个才学出众的人才。美国科学家维纳，是一个4岁开始读名著的神童，他并没有因优秀而自负，而是继续学习科学知识，忘我地投身于科学研究之中，终于开创了控制论的学说。就像高尔基所说，"燃烧成熊熊大火的方法只有一个，就是劳动、再劳动"。这个劳动指的就是父母、老师和个人的努力。

学习成绩的好坏不仅与智力水平的高低有很大的关系，而且受到非智力因素（也就是智力因素以外的一切心理因素）的影响，主要是人的情感、意志和性格的影响……有学者认为，所谓天才，具有超过平均水平以上的智力、高度的责任感和较高的创造力。我们不仅要开拓孩子的智力，而且要培养他们具有热烈的情感、坚强的意志和独立自主的性格，具备了这些优秀的品质，孩子的智力就能够充分发展。俗话说，勤奋出天才，伟大的科学家爱因斯坦并非神童，3岁时才会说话，上小学时一直是差等生，中学毕业后报考工学院，因成绩不好未被录取，但他并不气馁，接着又考了一次，终于考上了。在大学里，他接受了良好的教育，发愤努力，最终成为最伟大的科学家之一。

龟兔赛跑是大家都很熟悉的故事。擅长跑和跳的兔子为何败在乌龟的脚下？对智力水平较高的孩子，家长要注意发展他们的非智力因素，不要认为孩子聪明就放任自流。对智力水平一般甚至较差的孩子，家长不要怨天尤人，更要努力培养孩子的非智力因素，因为这些非智力因素能够补偿孩子智力上的不足，促进其智力的发展。那只乌龟正是靠着顽强的毅力获得了胜利。

由此看来，学习成绩的好坏是由许多因素决定的。智力水平是一个主要因素，它是学习的必要条件，我们要注意开发孩子的智力。非智力因素对学习成绩也会产生很大的影响，有时候，它甚至起着决定性的作用。所以，我们不可只抓智力的开发与培训，而忽略了对孩子进行思想品德教育。

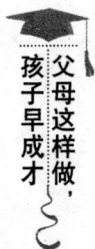

几种简单而实用的益智方法

要开发孩子的智力并不一定要求父母特意地拿出很多时间和精力来大张旗鼓地搞"智力工程"，其实，生活中有许多可以开发、提升孩子智力的时机与环境，只要父母稍微用点儿心，孩子就可以随时随地学习新知识，不断提升智力，从而变得越来越聪明。

一、故事益智法

讲故事、评故事、按故事情节绘画和用橡皮泥制作模型，均能提高孩子的智力，具体做法是：

讲一段故事，让孩子接着讲下去，因为故事可能有几个不同的结尾，以此激发孩子的创造性思维。

可给孩子指定时间、地点、人物、情节，让孩子自编故事，以锻炼孩子的逻辑思维能力和口头表达能力。

讲完故事后，让孩子进行评论。以故事中人物的行为和品质启发孩子自己教育自己。

带孩子外出参观游览时，让孩子随看随讲，孩子讲得形象生动，就及时加以鼓励，从而培养孩子的观察力。

可引导孩子根据故事中人物形象和情节动手画画，或用橡皮泥制作模型，把想的、听的、看的、说的、做的创造性地结合起来，使孩子心灵手巧。

二、图书益智法

培养孩子看书的好习惯，对孩子智力的发展大为有益。父母应为孩子创造看书的好环境，准备较多适合孩子看的书；父母应挤出时间，和孩子共享阅读的快乐；孩子阅读中提出问题，应给以辅导或解答；孩子在阅读中感到乐趣、发出笑声时，可鼓励他讲出来，并与他分享快乐。

一位9岁孩子的家长说："我的儿子正经历着他的奶奶刚过世的最伤心的时期，我该怎么办？"有关专家建议让孩子读一些书籍，从中吸取勇气和力量。

好的书籍可以帮助不同年龄阶段的孩子认识他们的感觉。通过故事，孩子看到其他孩子有着自己相似的问题、担忧和冲突，他们会更容易接受自己。

面对孩子的迷茫与沮丧时，家长的主要任务就是帮助孩子认识他的情感，并为这种情感找到合适的释放口。家长应该把为孩子读书当成一个定期的习惯行为，特别是睡觉前的时间。为你的孩子读书，和孩子讨论各种话题、各种情感（感觉）、各种想法。和孩子一起读书，可以让我们知道孩子的世界是什么样的。

三、音乐益智法

那些玩音乐的孩子，诸如唱歌和学习乐器的孩子，他们能收获重要的对自己成长有益的经验。以下就是音乐带给孩子的进步：

1．放松情绪

唱歌或者演奏乐器是一种情绪的释放和表达，这样可以帮助孩子改善个人的心理状态。那些情绪低落或沮丧的人谱写了许多歌曲作为一种情感

上的释放。唱歌或是演奏乐器可以是一种个人的表达方式，它增加了个人的想象力，它也可以是一种群体活动，可以增加彼此的交流和信任。

2．训练听力

音乐的训练改善了孩子听力的分辨力。这些对于学习阅读来说是非常必要的。在开始阅读的时期，家长就应该要求小孩子分辨押韵的字和读音。特别是男孩子可能会在阅读时碰到困难，在整个小学初级阶段，他们都被要求从听力中获得信息。在训练听力技巧中，音乐训练是非常宝贵的。

3．带来快乐

那些从一出生就接触到各种音乐，尤其是古典音乐的孩子，更有可能把他们的那种快乐心情延伸到成人之后，而且会继续拓宽他们的音乐知识和兴趣。

下面就是父母所要做的。与你的学龄前的孩子一起唱歌，可以唱我们所有的传统歌曲，歌曲中很多重复的语句，可以让孩子很容易地记住。

不论孩子是什么年龄，你都可以与他一起唱，以增加孩子和你的亲密关系。这样对他们的健康发展很有帮助。

让孩子学会演奏乐器将从很大程度上提高孩子的素养。根据钢琴老师的报告，3岁是孩子学习钢琴的最好时期。有一位4岁的孩子的母亲一直很想学钢琴，所以她就跟她的儿子一起上课，到她的儿子8岁的时候，母子俩在演奏会上表演了二重奏。鼓励你的孩子每天都坚持练习，不要把练琴当作一种惩罚的方式。记住，你的鼓励和倾听会让他一直练下去。

但家长们通常犯一个错误，就是在孩子较早的年龄时间里就投入了一大笔钱。当孩子大约13岁时，他们就卷入了各种各样的学校活动，所以他们会想把自己所学的一技之长丢掉。可是一位父亲曾这样告诉他的女儿：

"你在钢琴上太出色了，如果要丢掉的话，就丢掉别的东西吧。"到了这个孩子读大三的时候，她仍然演奏着钢琴。

另外一位妈妈这样告诉他那已经14岁却想退出钢琴课的儿子："好，你可以退出钢琴课程，不过你得为自己找一份工作，然后还给我在你学钢琴上的投资。"这位少年知道他的妈妈立场坚定。当他从高中毕业准备进入大学时，他宣布他要把家里面极为重视的钢琴带走，孰料他的妈妈说："没门，我们将为你租一个钢琴。"所以直到现在，这个年轻人还在学习着钢琴。

让你的孩子接触音乐，你就使他们生活更丰富更充实，并且在这个过程中逐渐学习，他们的心智也会得到充分的发展。所以出去看看音乐的世界吧，你的孩子将会成为更好的孩子，拥有更充实的生活。

四、日历益智法

家长应该认识到孩子学认日历的好处，可以更好地帮助孩子安排时间和掌握日期，有助于培养孩子的自主能力。下面就介绍几种教孩子学认日历的方法。

1. 学会看节日

日历上往往用鲜艳的颜色标注节日，如一月一日、六月一日、十月一日等一般都用红色。让孩子知道这些节日，并与往年的活动联系起来，如一月一日是新年，穿新棉衣，并有庆祝活动；六月一日是儿童节，吃冰淇淋，逛动物园。

2. 认识月份、日期

可以选在元旦前夕，告诉孩子元旦就是一月一日，是新年，也就是新的一年的开始。一年有12个月，月有大月和小月之分。大月和小月的区别孩子不易掌握，可以让孩子紧握左拳，手背朝上，用手指关节间的凸凹做标志记大、小月：从左或从右开始数，凸处为大月，凹处为小月，让孩子边指边念口诀，如"一月大（凸处）、二月小（凹处）、三月大（凸处）、四月小（凹处）"，数到七月，再拐回来接着数，直到数完12个月。让孩子说说哪几个月最冷，哪几个月最热，把月份与季节、气候联系起来记。

3. 教孩子认星期

可以经由日历或月历，来教孩子学认星期。月历一般是显示一个月内相应的星期分布状况，而且星期日到星期六是按顺序排列，星期六和星期日以特别颜色显示。可以让孩子每天都看看月历，并根据每天安排的活动来记忆星期，如星期天爸爸、妈妈都休息，自己也不用去幼儿园；星期一幼儿园有绘画课，星期二有计算课等，让孩子明白7天组成一周，一周内顺序总是一样的，并不断重复。

4. 让孩子找自己的生日是几月几日、星期几

家长可以让孩子在日历上找自己生日是几月几日、星期几；也可以告诉孩子爷爷或奶奶的生日是几月几日，让孩子在口历上找到，并告诉给爷爷、奶奶。

五、钟表益智法

孩子看到家里有闹钟，父母都戴手表，就会对钟表产生兴趣，想知道为什么爸爸妈妈能从钟表上看时间，知道几点，而自己却不会。

孩子在掌握了钟点的初步概念之后，父母就可以教孩子认识钟表了。对于孩子来说，能学会看闹钟、手表，对孩子认识数、形成时间观念、发展智力以及养成良好的生活习惯都有益处。

家长可以带孩子去附近的钟表店看看，让孩子认识各种各样的钟表：日历表、电子数码表、链钟摆的挂钟、带闹铃的钟。还可以带孩子看车站、钟楼上的自鸣钟和电子表等。最好让孩子总结一下钟表的特征，使孩子透过千差万变的钟表的表面，深刻了解钟表报时的基本功能。

家长可利用日常生活中跟孩子关系最密切的活动，指着钟面的数字和时针向孩子讲解。比如，早晨6点，叫孩子起床，家长可以说："快看表，都6点了，赶紧起床。"早上7点钟，催孩子上幼儿园；中午12点，提醒孩子该睡午觉了；下午4点半，该看儿童节目了等。这样，经过多次反复，孩子就会慢慢自己看钟表了。

家长也可和孩子一起做个纸面钟，通过游戏来掌握闹钟。告诉孩子短针是时针，长针是分针，分针走一圈，时针才走一格，时针每走一格就是一个小时，两格是两小时，依此类推。家长可以先拨给孩子看，再让孩子拨，让孩子依顺序认识1点、2点、2点半……还可以和孩子做游戏：每人随意报一个时间，看谁拨得又快又准。做一段纸面钟游戏后，最好能让孩子拨一拨真正的闹钟。

如果有闹钟的话，可以拆开后盖，让孩子看一看钟表如何走动，告诉孩子钟表有时候会走不准，有的时候快，有的时候慢，但可以调整。孩子较好地认识闹钟后，再教孩子识手表、电子表等，由形象具体的表逐渐到复杂、多样的表。

孩子认识钟表后，可以帮孩子定一个时间表，如：6点起床，7点上幼儿园，12点睡觉，14点做游戏，15点听故事，20点睡觉等，让孩子自己根据时间表去安排作息。

六、货币益智法

货币是人们生活中购物不可缺少的媒介物，让孩子掌握货币的换算和使用，对孩子及早进入社会生活，培养孩子学习心算，锻炼生活自理能力都有好处。家长可试用下面的方法教会孩子认识和使用货币。

1．告诉孩子如何卫生地使用货币

让孩子知道货币是在家长、卖杂货的爷爷和商店里的阿姨手里用来用去的，上面有很多细菌，所以不要把硬币放在嘴里，拿完钱后要洗手，还要养成节约、不乱花钱的好习惯。

2．教孩子区分硬币和纸币，并认识各种币值

拿一些硬币和纸币分别展示给孩子看，硬币掉在地上可以发出声响，是圆的；纸币可以折叠，是长方形的。再让孩子看看各种硬币有什么不同，可以让孩子用比较大小的方式区别这几种硬币。区别各种纸币，可以由图案、颜色和大小来比较、辨别。

3．给孩子一些零用钱，让孩子学会使用货币

比如让孩子自己买冰淇淋、手帕、铅笔等，并将所找的零钱还给家长。

4．让孩子用玩游戏方式来掌握货币之间的换算关系

可以找一些纸币、硬币，在家中和孩子做"商店"游戏。由家长当售货员，孩子当顾客，家长可以拿一些橡皮、尺子、铅笔之类的小物品作为商品，告诉孩子铅笔5角一支，尺子1元一支，橡皮1元一支，让孩子按价钱付给家长；或家长当顾客，孩子当售货员，让孩子学着找钱。经过几次训练后，孩子对元、角之间的换算关系就基本清楚了。

七、回答益智法

我们经常可以看到母亲领着孩子在马路边散步，也经常可以看到母亲不让孩子在马路上乱跑，这是生活中非常平凡的一幕，但如何对孩子说，其效果却大不一样。

"小新，不许在马路上乱跑，更不准跑到马路中间去。"

"为什么不许？"

"危险。"

"为什么危险？"

"你看，马路上那么多车，你在马路上乱跑的话，司机叔叔一不留神会撞着你的，这当然危险啦！"

"撞着我又会怎么样呢？"

"撞着你，你会受伤的，甚至会受很重很重的伤，非常非常疼的，你不是很怕疼吗？"

"知道了妈妈，我不乱跑了。"

在同样的场合，另一位母亲也许会这样说："小新，不许在马路上乱跑，更不许跑到马路中间去。"

"为什么不许？"

"不许就是不许，你这孩子真不听话，再不听话，下次不带你出来散步了。"

第一个母亲对小孩提出的"为什么"的问题，尽量给予满意的回答，这样孩子与母亲交谈时，了解了母亲限制自己行动的理由，同时也明白不听母亲的话时，会导致何种后果。并且，在一问一答之间，不知不觉便能够有条理地说话，也学会了做人应该要讲道理。

而第二位母亲呢？她对于孩子的疑问，一概拒绝作答，只是用恐吓的方法来限制孩子的行动，让其服从命令，孩子不明道理，只是盲目地服从。日子一久，孩子也懒得问理由了，会变得毫无思考及判断的能力。

所以说，母亲平日与孩子谈话时，只要稍微用点心，便能使孩子变得聪明，如果像第二位母亲那样，一点都不肯用心，孩子只能越来越笨了。

八、沟通益智法

孩子，作为一个弱小的个体，他们在不断地接受知识的同时，也特别渴望把自己的思想告诉别人，尤其是父母。

和孩子谈话，最重要的是耐住性子认真听。孩子因为比较小，语言逻辑性差，再加上想象力丰富，所以常常说话，既无主题，又词不达意，但却滔滔不绝，一本正经，两只眼睛瞪得圆圆的，一幅煞有介事的样子。这种时候，最好的方法就是静静地听，即使不明白他说什么，也不要打断他的谈话。很多孩子只要有人肯听，他就有兴趣讲，这是训练孩子自我表达的最好的机会，让孩子痛快去讲吧！

用这种方式与孩子沟通，不但能促进孩子的思维能力、想象力、表达能力，还能培养孩子的自信心及开朗的性格。

九、颜色益智法

德国著名诗人歌德有戴有色眼镜进行创作的习惯。他说，戴上红色或黄色的眼镜使自己愉快，激发热烈的情感；戴上蓝色的眼镜使人感到沉郁，增加忧伤的气氛。这也许是歌德富于创作的秘诀。

在我们的生活与学习中，也会有这样的体会：有的颜色悦目，有的颜色刺眼；有的颜色热烈，有的颜色柔和，它们使你产生不同的心理感受。这都是因为不同颜色以不同波长通过视神经，作用于大脑，引起不同的情绪反应，同时影响脑功能。

据报道，教室四壁的颜色不同，会对学生的学习效果产生不同的影响。如浅黄色、草绿色能提高学生的智商，如棕色，则引起其智力下降。通常把颜色分为两组，一组叫暖色，一组叫冷色。暖色有红色、橙色、黄色，是刺激性较强的颜色，能使大脑皮层兴奋；冷色有绿色、蓝色和紫色，是刺激性不太强的颜色，能使大脑皮层相对安静。

实验证明，淡灰绿色和淡灰紫色可使人平静，易于消除大脑的疲劳，适用于人们从事脑力劳动的工作室和学习室。

每个人对颜色有不同的爱好和感受。有人喜欢暖色，在偏暖色的环境中更适合用脑；有的人喜欢冷色，在偏冷色的环境中更适于用脑。因此，父母在为孩子选择学习环境的颜色时，要结合孩子的具体性情。

十、饮食益智法

持续数周紧张的学习状态，不仅不会使效率减低，反而可以维持头脑灵活，但这种情况的产生需要饮食补助，否则不仅不能维持头脑功能灵活，还会使人陷入学习状态差的症状中。要使头脑运转灵活，就必须维持身心整体的健康。吃得太饱，会增加胃肠负担，头脑的运转速度就会明显降低。相反，过度饥饿，也将使消化器官陷入不良状态，对头脑也会带来不良影响。同理，身体某一部分不适，会使头脑反应迟钝，从而导致工作效率降低。所以，只要不偏食，合理搭配食物，摄取平衡的养分，自然就可保持身体健康了。具体而言，应该食用些什么样的食物，才可以提高学习效率呢？

1. 零食。零食的种类不必只限于水果和糕点，只要是孩子喜欢的食物都可以。饮料方面以牛乳、果汁、茶为主，另外糖水也能缓解疲劳，只是量不能太多。

2. 晚餐。晚餐最好与家人一起享用，虽然表面上看来，各人分别根据自己的时间安排来享用晚餐，会对学习有所助益，但事实并非如此。最好是全家人共进晚餐，餐后抽出些许时间与家人拉家常，这是绝佳的调整情绪的方法。

3. 宵夜。晚餐过后，若继续学习到很晚时，就一定要吃宵夜。宵夜一般以简便的食物为主，如：乳酪、奶油、牛奶、面包、水果等。考生应根据自己的健康状态及胃肠功能自由选择，但最好以八分饱为限。

开发孩子的右脑

众所周知，智力活动受大脑的控制。大脑分左右两个半球，两个半球各有不同的功能优势。左半球控制右半身的活动，主要具有处理语言、计算、排列、分类、词语记忆和时间知觉机能；右半球控制左半身的活动，处理总体形象和空间概念，鉴别几何图形，感知音乐旋律，进行模仿并具有整体性、综合性、创造性机能，主管着人的直觉、节奏、舞蹈，以及态度、情感和意志等，两半球各司其职，相辅相成。

左脑与右脑兼顾的平衡发展是开发智力的重要原则之一。

由于儿童从小学习语言，随后又学习读、写、算，增强理解和逻辑思维，故左脑相对使用频繁，较为发达。相形之下，右脑常使用不足，使智力发展受到影响。

如何开发孩子的右脑呢？

1．鼓励孩子多使用左手，多用左手即多用右脑。孩子用左手使用剪刀、折纸、打球等，不用刻意纠正其使用右手。

2．早期教育中多让孩子玩一些游戏、听音乐、绘画、跳舞蹈等活动，多采用直观与形象教具，让孩子多接触大自然和社会。

3．让孩子及早开始读、认汉字。汉字兼具形、声，在开发儿童智力中能获得意想不到的效果。国内外不少研究已发现，比起拼音来，儿童识读汉字更为容易，因为每个汉字都有独特的外形，儿童容易辨认。早期认读汉字既能同时促进左、右脑的开发，又能促进儿童提早熟练运用文字与语言。

另外，鼓励儿童帮助家长收拾餐桌、书柜等，都有益于儿童右脑的开发。

正确认识EQ

一、认识孩子EQ的重要性

EQ（情感智商）从狭义来说，是指情绪方面收放自如，掌握了和别人相处的技巧。人必须应对人事及环境的变化，针对具体情况来及时调整自己的情绪和行为。从广义角度而言，一切应对日常生活中与人相处的问题，都是锻炼EQ的好机会。

孩子的智商（IQ）和情感智商（EQ）在早期发展已出现萌芽，家长若能以适当方式进行恰如其分的随机教育，孩子的智力会伴随情绪控制能力渐渐增强。

EQ培养的关键是学会与人交往、相处，学会照顾别人、推己及人，并学会礼貌待人和融入新环境。古代幼承庭训，正是传统重视儿童教养及情感智商（EQ）培养的最佳历史例证。家长千万不可轻视从小培养小孩接人待物的能力，这是小孩EQ发展的重要起点。

EQ的要素有4个方面：

1．了解自己和他人的感受；

2．与别人相处融洽；

3．遇到挫折会不屈不挠，毫不气馁；

4．控制欲念。

其实EQ的概念在我国传统思想里并不陌生。重视自己和他人的感受，是"仁"，富有同情心，尊重他人，是"人"，按身份（不宜用现代眼光抹杀以前社会的标准）给予应有的礼待。看来，EQ的思想在中国古代孔子的"仁""人"思想中已经存在了。

在中华民族的文化传统中，彬彬有礼、待客诚恳、父慈子孝、兄友弟恭、夫妻举案齐眉是理想的人生信条，"礼、义、廉、耻"概括了文化传统中EQ的重要组成部分。

二、了解孩子EQ发展的程度

父母可以借助试探孩子兴趣的取向去了解孩子EQ发展的程度。

1．兴趣

你的孩子是否不时地沉浸在某个事物上而不顾其他？这里强调的是积极参与活动，而不是被动的活动，如看电视。如果孩子不能专注于任何一种事物，父母应提供必要的帮助。

2．好奇心

好奇心一方面使孩子表现出乐于冒险，甚至做出"出轨"举动，另一方面促进孩子不断接受新的事物。在不断满足好奇心的过程中，可能有些孩子慑于惩罚从不违规，而另外一些孩子则经常有表现行为，表明他们正在努力地理解各种事物。

3．情绪状态

快乐、愤怒、伤心、热情、激动、沮丧等都是孩子有能力表达的情绪状态。这些感情状态不会在一天中表现出来，会在连续几周内有所表现。如果孩子的情绪总是保持一种状态，如愤怒、激动，父母宜及早提防。表达伤心并不一定是有问题，在适当的情形下，这表明他们有关心他人、怜悯他人的能力。

4．享受生活的乐趣

与同伴游戏、聚会、过节、拜访新地方、探索新玩具都是美好的事情。一些小问题，如害羞、怕狗、挑食并不妨碍孩子享受这些美好的事物，应该让他们克服这些问题。如果问题严重到妨碍他们这些活动，就应给予必要的帮助。

会享受生活才会创造生活，父母应从小就教会孩子如何去享受生活，发现生活中的快乐。

5．交朋友

孩子是否有能力主动和同伴交朋友并保持友谊？只要不是由于缺乏社

交能力，孩子就不会有阻碍其发展的问题。如果孩子惧怕同伴，或总是独处，可能表明他们缺乏信心，且怀疑自己的能力，怀疑自己不能达到父母的期望。

6. 自发情感

你的孩子会不会自发地向被照顾者表达感情？在不同的文化、家庭背景下，表达情感的方式也有所不同。与既定环境相吻合的自发表达，是孩子发展良好的一种表现。

7. 玩多种游戏的能力

如果孩子总是用同样的材料不断重复同样的游戏方法和过程，可能表明他们情感上的固执，没有足够的能力与外界环境接触。

8. 对权威的态度

孩子是否接受成人的权威？偶尔反抗、自作主张，但最终都服从于成人，这是健康自然的社会化过程。但是，如果他们过分地焦虑，他们便会毫不讲理地拒绝接受成人的教导。

必须提升孩子的EQ

一、提升EQ的十大原则

1. 跟孩子讲道理

对于小孩子闹情绪，一些家庭轻则骂重则打。例如孩子缠着要买无用的玩具，父母以打骂的方法制止，虽然可以立即见效，但并不能解决孩子的情绪问题。相反，父母以温和的语气解释不买的原因，让孩子明白父母的想法，这样日后孩子与人相处，就会懂得设身处地去理解别人的感受。

2. 同孩子讲感受

小朋友往往不善表达感受，父母应该告诉他们什么情况会让人忧愁、恐惧、开心，尽量让他们表达喜怒哀乐的形容词，并经常问他们今天怎样形容自己的心情，分数值多少，好让他们认识自己的情绪。

3. 举相近的实例

常言道："晓之以理，动之以情。"给孩子讲道理最好举例或用真情，这样他们容易接受。当孩子不做功课时，可以举出身边的实例做榜样："你看，小表哥做功课多么认真。"对一个小孩而言，这样比说千遍"做功课是为你好"的话更有说服力，而孩子对年龄相近的友伴的行为，都会比较重视，并喜欢互相模仿。

4. 小孩有发言权

当一家人相聚吃饭时，父母不要只管说家事，也应该让小孩子有说话的权利，这样可以鼓励小孩子多表达自己的想法。

5. 磨炼意志

父母过分溺爱、保护子女，会造成孩子凡事以自我为中心，养成自私自利的性格，导致以后无法应对各种挫折和挑战，所以父母要更多地磨炼孩子，让他们从失败中学习重新站起来。

6. 延迟欲望

要让孩子知道什么是合理欲望，什么是非分之想，不应该不顾父母的负担或者自己的实际需要一味胡乱要求。例如见到玩具未必一定要即时购买，以训练他们忍耐性。

7. 设定限制

父母在早期就不要纵容孩子，而要形成一定的规矩，帮助孩子面对现实，学会顺应环境调整自己。要教育他们有强烈的劳动感、原则感，不能在某种原则上动摇一分。这是培养他们日后面对社会种种限制时，有足够的适应能力。

8. 教小孩面对人群

一般来说，小孩要到年龄较大的时候才知道怕羞，而4岁时尚不知道怕羞。在这个年龄应尽量培养他表现自己的胆力和能力，如让他当众演讲，对将来发展EQ大有好处。在这个过程中，可以教小孩子如何表达自己，训练其组织力、集中力，以及观察别人的能力，事后马上要给他意见，指出需要改善的地方。这样可以培育孩子在人际关系中的自信心，其以后的人际关系也会比较好。

9. 安排群体活动

不想让孩子形成自我中心的性格，可以为孩子多安排一些群体活动，例如带孩子跟其他亲戚或朋友的孩子相聚，让孩子从群体中学习社交能力，关心和尊重别人。

10. 让孩子承担后果

小孩不听大人的话，坚持要做一些事，在没有危险的前提下，父母不妨让他试试，由他承担行为的后果，从中培养其责任感。

二、肯定自己是提高情商的第一步

肯定自己是自信的表现，尊重别人是礼貌的表现，只有具备对自我的肯定和别人的尊重，在与别人交往时，才能自如地调节和谐的关系。社交生活和谐融洽，孩子当然也能健康地成长了。

1．认识真实的自己

家长可以透过和孩子单独的沟通，让孩子清楚自己生理、心理、社交和品德各方面的强弱点，不要向他施以太大的压力。

2．接受自己

父母应教会孩子平衡地认识自己，有优点就一定有缺点。千万不可长时间地只倾向一方面，因为倾向任何一方面会导致其心高气傲或者自卑退缩。父母坦诚地向孩子披露自己的优点和缺点，引导孩子洞悉别人的优点和缺点，孩子自然明白没有一个人是十全十美，无懈可击的。那样，自我接纳的态度，也会油然而生了。

3．鼓励自己

每个人都有自己的事情，人不可能完全依赖于别人对自己的看法活着。不管别人对自己怎么看，积极的人生态度总是不错的，鼓励自己，常常能帮助我们渡过难关。一个学会自己给自己打气的人，当然能够肯定自己了。不过，父母如果注意到孩子能自觉独立处理自己的事情，也可以适当地予以肯定和嘉奖。

4．充实自己

认识自己、接纳自己是基础，能不断地努力充实自己，克服缺点，发挥优点，才能维持自我肯定的状态。父母让孩子在课余时间多参加户外活动或训练，或鼓励孩子多看书多发问，都是让孩子充实自己的好方法。

三、培养孩子的合作精神

当今社会是一个充满竞争的社会，但这种竞争是合作中的竞争。合作精神不仅要在学校中加强培养，在家庭中，家长也应从小培养孩子的合作精神。

一个周末，杨逊和杨谦的父母要带他们去一个野生公园爬山然后野餐。临行的前一天，一家四口人商量该如何进行准备：妈妈负责去超市买食品，爸爸准备烤肉的炉子，弟弟杨逊提出负责所有餐具，哥哥杨谦负责准备调料。爸爸提醒他们需要列出一个单子，一则防止遗漏，再则若有家里的物品不够，可及时去买。

杨逊很快就列出了单子，请爸爸过目，随后便开始准备；而杨谦却跑到外面找邻居的孩子玩。爸爸警告他带齐调料，否则野餐食物不会好吃。杨谦一边往外跑一边说："放心吧，我会带好的，别担心。"

爸爸不大相信他会准备齐全，想自己来做，但转念一想应当给杨谦一个锻炼机会，不要越俎代庖，于是便没有再督促杨谦。而杨谦也很开心地玩到很晚才回来，到厨房里忙了一会儿，搞出来一袋子瓶瓶罐罐，便上楼回房去睡了。

第二天一早出发，爸爸并没有再检查杨谦的准备工作，一家人高高兴兴上路了。

走了2个小时的山路，选好了野餐的地点，大家开始准备午餐。等肉烤熟后，每人倒了一杯饮料，整理好盘子，围着野炊点的木制桌椅坐下，开始往烤肉上倒调料。

"杨谦，烤肉汁在哪里？"杨谦伸手到袋子里去找，怎么也找不到。

"我记得从冰箱内拿出来了，怎么会没有？"

"你有没有列在单子上？"

"我没有列单子，我记得我把所有的调料都拿出来了。"杨谦又翻了一遍，大家都在那里等着。杨谦最终没有找到，惭愧地低下了头。

这样的经验教训是深刻的，杨谦知道由于自己的疏忽，不但影响了自己，也影响了别人，使这次的活动大为逊色。爸爸并没有说一句责怪杨谦的话，但整个形势本身对他的教育已比任何话语更有效。

妈妈和爸爸有没有想到杨谦会忘掉一些东西呢？完全可能，或者说是在他们的意料之中。如果爸爸出面督促杨谦按列出的单子准备，情况会怎样呢？首先杨谦会感到爸爸不信任他有能力料理这件事，自尊心会受损；其次爸爸反复督促会使杨谦感到行动受限制，有为人所驱之感。这两项加起来会使杨谦产生抵触情绪，极可能甩手不干，或与爸爸短兵相接一场，搞得大家都不愉快，最后所有的事情还是需要妈妈来做。爸爸即使成功地迫使杨谦按照自己的方法去做了准备，野炊因此而毫无缺憾，但杨谦并没有学到任何经验与教训，反倒更加深了对爸爸的强制方法的反感。

杨谦的父母选择不参与的方式是明智的。尽管这次野炊因杨谦的遗漏受到一些影响，但对杨谦的成长却有深远的影响，使他懂得作为集体一员应具备责任心，做事要认真有程序。

培养孩子的合作精神，就是教育他们懂得如何协调自己与他人的关系，使得整体活动得以进行。这里并不要求他们放弃自己的要求，但要让他们知道，若想使整个家庭生活的秩序不被打乱，每个家庭成员的生活要求都必须在最大限度上得到满足，这需要每个人向同一方向努力。孩子所想的不仅仅是自己需要什么，而是整个活动、整个家庭需要什么。

要训练孩子的合作思维能力，父母不能无限度地满足孩子的愿望，尽管有时这种愿望本身是合理的，但满足它就意味着父母要做出过多的牺牲。父母应该让孩子有锻炼的机会。孩子们从小在家庭中学到的知识，都会渗透到他们的性格中去，长大后带入社会。一个有合作精神的孩子会很快适应工作岗位，并发挥积极作用，而不懂合作的孩子在生活中会遇到许多麻烦，产生更多的困难并且无所适从。

四、增强孩子的失败承受力

我们生活在一个竞争性很强的世界。无论在托儿所或在小公园的沙堆上，孩子们都可以轻易感觉到竞争的存在。在一个竞争力很强的世界中生存的人，需要不断地体验到成功和失败。孩子是伴着失败成长壮大的，失败仅仅是一个过程，是一个最终走向成功的过程。我们应当教育我们的孩子有勇气面对不完美的结果，敢于犯错误，并且从错误中学习经验和教训，而不因犯了错误而使自信心受到损伤。

作为家长，常常看到孩子犯了错误时，尤其是认为他们在有意调皮捣蛋时，感到怒火万丈，大发脾气，使得孩子们更加害怕犯错误。

爸爸一打开工具间的门，就看见工具扔得到处都是，旁边放着儿子小豪的一个玩具，但小豪并不在工具间里。爸爸怒气冲冲地走到小豪的房间里，见小豪正在玩他的电子游戏机，于是爸爸一把将他抓了出来，把他领到工具间，说："看看你都干了些什么？我已经告诉你多少次了，要把工具放回原处。"小豪害怕极了。他刚才在工具间想修好他的玩具车，可妈妈来叫他接电话，他跑过去，拿起电话，和朋友聊了半天。谁知放下电话以后，他忘了正在修理的玩具车，所以就走到屋子里面，继续玩起了游戏机。现在，他怎么向爸爸解释呢？看着爸爸怒气冲冲的样子，他感到非常沮丧。的确，这种事情已经发生了很多次了。"这下，我又让爸爸生气了，我为什么总是这样没记性呢？我想我是做不好任何事情了。"他心里责怪着自己。

如果小豪的爸爸用另一种方法处理这件事情，结果会大不一样。

爸爸到工具间看到扔了一地的工具后，走回房间，发现小豪在玩游戏机。爸爸抑制住自己的不快，非常平静地对小豪说："小豪，你和我一起到工具间去一下，好吗？"等他们到了工具间，爸爸和小豪一起查看了工具间，他对小豪说："看来，你是想修你的玩具车，对不对？""是的，我是想修我的玩具车。"小豪说，"但是我听见妈妈叫我去接电话，就跑进了房间，后来，就把这件事忘了，再说，我折腾了半天，也没有把这个玩具车修好。""那我们现在一起来看一看你的玩具车出了什么毛病。"于是爸爸和小豪两个人一起对玩具车进行了修理。修完了以后，爸爸对小豪说："那么下次你应该记住把工具放好，好吗？"

爸爸这样做既指出了小豪的错误，对他提出更正建议，又没有伤害小豪的自尊心。孩子没有对犯错误产生恐惧感，并且有勇气承认错误，更有勇气改正错误，孩子很清楚犯错误不影响爸爸对他的爱。

家长应考虑的是，他们对孩子的期望值到底有多高，他们在孩子身上施加的压力有多少。许多孩子竞争力发挥不好的原因常常能够追寻到父母

身上，因为他们给孩子的标准和要求设得太高了，孩子很难达到他们的标准和要求。一旦孩子没有做到，他们就经常批评，或者责怪孩子，从而使孩子的自信心受到伤害。

重视孩子的情绪教育

情绪教育应该从幼儿做起。根据研究表明，如果缺乏适当的教导的话，现在的小孩会变得更神经质，更容易生气，更会闹别扭，更情绪化，更消沉，更孤僻，更容易冲动，更不听话。此外，由于学校较重视学习成绩，这样很容易忽视小孩子的各种不良情绪的发展。因此，父母如何教育小孩子处理心理的困扰，控制冲动，就显得非常重要。

怎样进行情绪教育才对呢？在此我们向父母们提供情绪辅导的5项重要步骤：

1. 察觉情绪

家长必须先学会察觉自己的情绪，才能在孩子身上察觉情绪。当父母可以察觉自己的情绪，那么对于辅导孩子的情绪就有了充分的准备。情绪的表现包括：愤怒、忧伤、兴奋等。

2. 认可情绪

千万不能以漠视的态度来面对孩子的负面情绪，要与孩子建立亲密关系，以及教导孩子如何处理情绪。

3．用心去倾听孩子的心声肯定他的感受

此步骤为情绪辅导过程中最重要的一步。倾听不单只是用双耳，更要利用双眼去观察孩子情绪的表征（例如：肢体动作、面部表情，也即身体语言）。

4．口头上的情绪描述

为了让孩子能正确地表述自己的感受，只有在当他们受到刺激时，才让他们去描述自己的情绪，并帮助他们使用正确的词语。

5．纠正孩子错误问题

当孩子有不好的情况时，他可能会言过其实地来表述自己的情绪，父母切记不可忽视这种情况，应及时给予纠正。

一、警惕孩子的自杀倾向

也许你万万不会想到小孩子会因为情绪困扰而自杀——父母们常常忽视这一可怕的问题，他们极少主动地去分辨自杀和情绪低落的不同。教育界列举的一些常见的自杀警告讯号或行为表征，可供家长参考。当这些讯号出现得愈持久，表示子女的困扰愈严重，自杀的可能性愈大。若遇有疑问，应请教学校教工、辅导老师或专业人士帮助，不可掉以轻心。

以下几项是父母应该警觉的，它们显示出孩子的自杀倾向，父母千万要提高警惕。

1．学习成绩骤退；

2．日渐自我孤立，避开社交活动；

3．出现各种冒险行为，不顾生命安全；

4．在日记或写作中暗示寻死的念头；

5．将心爱的物品送赠他人；

6. 滥用药物和酗酒；

7. 衣着仪表与往日不同，不修边幅；

8. 扬言自杀，甚至企图自杀；

9. 极度抑郁或长期抑郁后，突然无故表现很快乐。

如果子女表现以上情绪困扰，家长切勿等闲视之，或低估问题的严重性。与子女谈心是行之有效的方法，开导和帮助他们释放压力的方法也应尽量试用。

一些家长应避免跟子女直接谈及自杀问题，因为这样会引发他们采取自杀行动。事实上，教育界指出，有些学者认为这些担心是不必要的，但笔者以为慎重起见，忽视和过分夸张地谈论自杀问题，都可能引起反效果。

研究表明，自杀行为往往传递出求救信号，父母应及时检讨自己平时对子女的忽视。绝大多数受困扰的青少年希望成年人关心他们的处境。若能适当地与他们倾谈，他们会说出心中积压的恐惧，有助于舒缓压力和化解困扰。

二、减少孩子的侵略行为

孩子好斗与叛逆，行为霸道，好欺负别人，一般可视为侵略行为。不当的情感教育会强化孩子的侵略性（侵略行为）。

不少追踪调查发现好勇斗狠的孩子最容易辍学，也最可能在31岁之前犯罪。而且这种侵略性格有代代相传的倾向，这些孩子在小学中的表现与其父母如出一辙。

我们暂不考虑遗传因素，有侵略性的人往往把家庭变成侵略的场所。他们的父母往往采取的是独裁高压的管教，轮到他们当父母时便承袭这一套方式，跋扈的小女孩长大后同样变成严惩重罚全凭喜恶的母亲。

这类父母虽然对孩子非常严厉，但大多数时候对孩子的生活和学习却毫不关心。小孩子耳濡目染之下，也会将父母的侵略模式带到学校、游乐场，甚至一生相随。

这类父母全凭喜恶对待孩子。这种管教的方式最易令孩子产生无用和无助的感觉，他们无所适从，仿佛随时可能大祸临头。

如果我们从家庭背景来分析，这种孩子的好斗与叛逆其实是家庭负面教育的恶果。最令人忧心的是，这种家庭教育在孩子幼年便会留下伤痕，对孩子的情感生活造成负面的冲击。因此，要减少孩子的侵略行为，家长必须不断自我完善，以身作则，慎选管教策略。

此外，大众传媒成为重要的暴力污染源，人只要通过观察就能学得新的攻击技能。因此，孩子即使不直接参与暴力活动，也可以通过传媒和电子游戏机观察他人的暴力行为，得知这些行为的可能结局并加以模仿，于是孩子的侵略行为变本加厉。

疏泄压抑、缓解攻击冲动、减少外界环境的刺激是控制和消除攻击行为的关键。用改变环境的方法来纠正攻击行为，有赖于个人、群体、学校和整个社会的合作。

要改变环境而制约攻击行为，首先要考察环境，以便找到引起攻击行为的因素，从而了解这种行为的制约方式。对某些孩子用暂停的方法来减少攻击行为比惩罚更为有效。还有，具有攻击性的儿童在认知发展方面有欠缺。因此，在采取制止伤害行为的措施时，可进行语言训练和维持社会安定的补偿性技术训练（例如义务帮助其他小朋友做些工作，收拾物件等）。

三、教导孩子控制自己的情绪

"情商"研究者们一致认为，情绪能力的特点是有时深藏，有时暴露。深藏时就是对情绪的控制，暴露时就是情绪的发泄。家长的责任不是要控制孩子不去发泄他们的哀怒或憎恶，而是要指导孩子如何在合适的环境下发泄，如何选择合适的对象。现在由于独生子女的普遍性存在，家长们视孩子为宝贝，家长及上一辈人把全部的爱心倾注于孩子身上，致使孩子对自己做的一切都认为是理所应当的，一部分孩子甚至因为一点不顺心的事，就会不分时间、地点、场合地吵闹，发脾气。

某家报纸曾经刊登了这样一件事，一个7岁的孩子趁家长不在家时，不明原因地害死了刚刚出生的小妹妹，当追问他为什么这样做时，那个孩子只说："我不要妹妹。"这个过激的行为产生于家长的注意力从他的身上转移到了妹妹身上，父母可能还真的忽略了他，而他把嫉妒和憎恨发泄到妹妹的头上。

有两个学生为一支笔发生争执，争执中一个同学咬住另一个同学的手很久不肯松。

一个同学不小心碰掉了另一同学的铅笔盒，这个同学立即要对方捡起来，对方就是不捡，这个同学来到碰掉他铅笔盒的同学的位子前，拿起书包顺手扔到了楼下。

看到这里，我们不禁要问，我们的孩子在遇到类似上面的问题时会不会也采取极端的方式去解决？也许我们可以从下面的故事中看出一些端倪来：

两个同学发生矛盾后互相打起来，老师做了处理以后，一位学生家长带着万分的不满和极大的委屈来找老师理论。他先责问老师，"我的孩子昨天挨打，老师为什么处理得如此简单"，言外之意老师没有向着他的孩子；其次问，"能否和打我孩子的学生见面"，言外之意，老师处理得不合理，他要亲自教训打他孩子的同学。在一再劝说下，这位家长才冷静下来，但他还是委屈地对老师说："打我的孩子，我心疼，还不如打我一顿呢！"

其实，他的孩子和同学只是发生了小摩擦，争斗平息下来以后，经过老师的处理，两个人相互道了歉，问题已经解决了。看到这位家长处理问题所采取的方式，他的孩子处理问题的过激行为源自何处似乎不言自明了。

情绪的控制能力标志着人们的心理成熟程度。刚才的那位家长，在对孩子问题的处理上，所选择的方法就是心理不成熟的表现。成熟的人最突出的特点是做事三思而后行，他们很少会做一些追悔莫及的事；当自己的行为出现问题时，他们会承认自己的过失，不会大发雷霆；成熟的人还能和自己不喜欢的人合作，他们能恰当地使自己的不良情绪在适合的时间、地点、场合得到转移和发泄。

有位初中女生，学习很好，但家长对她的要求比她对自己的要求还高。家长希望她在学校学习的成绩能拿第一，而且还要向满分靠拢。经过努力，这个女孩在学习上的成绩已经是很优异了，但家长还不满意，只要和女儿在一起就不停地唠叨，女孩烦极了又不敢有任何表示。长期的心理压力使女孩在学习上产生了焦虑的情绪。她唯一的自由时间是每天很早到学校写她的日记，日记中记录了她的苦闷和对自由生活的期盼，没有家长的监视，没有别人的打扰，她可以尽情地发泄心中的一切。但好景不长，她的家长发现了这一切，并追到学校，强行公开了她的日记，女孩在盛怒之下把日记撕成了碎片后放声大哭，她边哭边对她的父母说："你们明知我活得很痛苦，很累，还要这么逼我？"

一场情感的暴风雨顷刻而来，家长把孩子逼到了尽头，他们不给孩子适当表达情感的机会。孩子在情感的处理上并没有错，是家长自己不成熟的心理状态导致了孩子的过激行为。后来，这个女孩在很长一段时间里满目愁容，甚至产生了轻生的念头。

有些家长在孩子小的时候，因孩子犯了错对孩子进行了责罚或动用了武力，还不许孩子哭。这样的做法，实际上是不许孩子把心头的委屈情绪发泄出来，长久下去，会扭曲孩子的性格。无论孩子犯了什么错，家庭应就事说事，不许孩子哭的家长不仅独裁还很残酷。

有这样一对母子俩，因母亲电脑中的文件不明原因地被删掉而发生了争执，母亲埋怨孩子，孩子不服气，一再地解释，但母亲认定责任在孩子，决定以停止孩子一周用电脑作为对孩子的惩罚。孩子委屈极了，眼泪控制不住地向下淌。面对家中发生的争执，父亲并没有判定这件事是母亲错罚了孩子还是孩子撒了谎，只是体谅孩子，尊重孩子申述的理由。孩子感到父亲对自己的信任，了解自己的处境，心情便好了起来。孩子从父亲那里找到了理解和信任，他知道，自己需要同情和安慰的时候爸爸一定会帮他。孩子一生中将会遇到很多伤心和失望的事情，在这样的时刻，对孩子最有效的安慰应该来自父母。作为父母，对此应有充分的认识，并珍惜这一份信任。

教会孩子遇到事情稳定自己的情绪是必要的。孩子在成长的过程中逐步养成控制情绪的良好习惯，明白了结交朋友、融于集体、与人合作都是有益处的。当孩子因控制能力有限，受到委屈，遭到打击，遇到不平，心情非常恶劣时，就会因无法控制自己的情绪而失态或大发脾气。

孩子发脾气的主要原因，是在日常的生活中无法平衡自己的情绪，或找不到适当的对象来倾诉，或是不会适当地表露自己的感情，或是受到了某种压力而不能宣泄自己的情绪，使情绪郁积到某种程度而爆发。

平时，家长要教孩子经常把感受到的东西不断地表达出来，表达的过程实际就是情感的宣泄过程，是个较好的发泄的路径。有时由于受多种因素的影响，孩子很多的感受无法用语言来表达，这就出现了心中有事不会说，或是不敢说，或是不能说的状况，最终造成沉重的心理压力。对这方面的问题，家长应给予重视，尽量给孩子提供发泄的条件，如绝不能窥视孩子的日记，让孩子毫无掩饰地在日记中去袒露自己的野心、幻想、恐惧和愤怒等情绪。

有时，家长和老师看到孩子日记上的言辞会错误地认为孩子的心灵丑陋。这是孩子的心事，当成人窥测到孩子的心理秘密时不要给孩子乱下结论，应该注意引导孩子能向你发泄自己的情绪。

有的孩子生气时会不停地做自己喜欢做的事情，实际上，他是在把自己的怒气和不满统统地发泄在做着的事情上，当事情做完后，他的情绪也缓和了。孩子在日记里写到的只是情感流露的过程，至于他真的会去按

日记里写的那样做的可能性很小，因为孩子已经把自己的不满情绪发泄完了。

第五章

这样做可以提高孩子的成绩

『望子成龙』是每一位家长对孩子的殷切期望，但有许多家长，当孩子的成绩不够好，达不到既定的要求或者标准以后，就总是会在孩子的面前表现出自己的情绪——焦虑、生气、失望、气馁……其实这些会给孩子带来很大的心理压力。这个时候，作为家长，首先要问问自己，孩子的成绩不理想，我们难道没有原因吗？我们应该怎样做才能提高孩子的成绩？

父母是孩子最好的老师

一、父母的榜样效应

几乎所有父母都知道，家长的态度会对孩子产生影响。例如，男孩模仿爸爸的行为，女孩模仿妈妈的行为。孩子不仅模仿父母的动作，甚至模仿父母的思维方式。

"给儿童树立起一个良好的榜样"，不仅是每位家长，而且是全社会都应该重视的一个问题。无论从生理还是心理上讲，儿童都是一个成长发育中的个体，儿童阶段就是一个由不成熟到基本成熟的过程，儿童贯彻终生的一整套社会行为模式，就是在这一阶段从无到有、从简单到复杂，逐渐地形成和完善起来的。而这一过程，是离不开模仿的。儿童模仿的对象是成人——家长以及他所接触的每一个成人。因此，成人的每一个行动，都不仅有其直接意义，还有其间接意义，那就是给儿童做出一个好榜样。

常言道：榜样的力量是无穷的。其影响可延续到人生终点，其广泛可涉及到一个人的道德品质、情感、意志、心理、生活方式、性格能力等诸方面，所以榜样的力量在一个人成长方面起着重要的激励作用。对儿童来说，榜样的影响力就更显著了。

二、为孩子做好的表率

人们常说"儿童的心灵就是一张白纸"。是的，在这张白纸上，究竟能画出什么样的图画呢？主要靠大人们的行动来决定。常常看到，人行道上一个四五岁的孩子，手里拿着一块糖纸，东张西望地找果皮箱，而就在这时，旁边的一位成人漫不经心地把一个纸团扔在地上。这时，孩子便会流露出迷惘的目光……这一下，就把儿童心目中的社会规范全都打乱了，孩子就会想，既然大人都扔在这儿了，我还找什么果皮箱呢？

儿童心理发展的特定阶段，决定了儿童的模仿力极强的特点。在他们眼里，成年人比他们能力强、本领大、知识多；在他们心目中，成人简直就是无所不能的，而自己却在许多方面无能为力。因此，模仿成人的行为，以使自己尽快地强大起来，摆脱无能为力的状态，这是儿童的一个普遍心理。

在这种心理的驱使下，他们往往不加分析地模仿成人的行为。（这也是他们尚不健全的思维还难以对成人的行为做出是非判断的结果。）然而，对于这种情况，大多数成年人是知之甚少，甚至一无所知的。他们在孩子面前，毫无顾忌地说谎、耍赖、骂人，却丝毫不理会一旁儿童眼中流露出的迷惑、不满，甚至批评的眼神。而一旦日后孩子身上出现了这些不良行为，家长便会勃然大怒，大吼一声："这是跟谁学的？"——这不是很滑稽吗？

因此，家长在儿童面前，要随时注意约束自己的行为，时时给儿童做出行为的楷模。

儿童的特点是模仿性、崇拜性强，加之他们幼小的心灵是一片纯净圣洁的天空，更容易崇拜代表他们的心愿及认为值得尊敬的人物，进而模仿他们的言行。因此，充分利用榜样的力量，正确引导孩子，将有利于孩子的健康成长。那么如何发挥榜样的作用呢？

父母要为孩子处处做表率。父母是孩子的第一位启蒙老师，父母的言行最易产生示范效应，被孩子模仿学习。因此，父母对工作要表现出高度的责任感和极大的热情；在待人接物、思想品德、衣着打扮方面注意为孩子做表率；在日常生活中以自己的一言一行来潜移默化地影响教育孩子。

家庭氛围对孩子的影响

要想孩子健康成长，家庭教育是非常重要的一个环节。家庭教育并不仅仅是对孩子讲道理，要求他怎么做，主要的还是父母和其他人的日常谈话、活动、所交亲友等一切言行所形成的情境与氛围使孩子受到潜移默化的影响。

一、让家中充满爱

爱是幸福家庭的基石，不过儿童心理医生却提出他们的观点："我们发现家庭成员在相处时，有很大的缺失是在于'爱的不会表达'和'对所传达信息的误解'。"中国儿童教育专家组也指出，由于与家人相处的长期性，导致因一些人对家人关爱和要求降低而斤斤计较，责任过于分明的现象在家人间出现，争吵随便，没有用心维护家庭关系，甚至家人间的爱消失殆尽，整个家庭里的成员，都无法全面地感受到对方所传达的关爱。

其实，家人之间的相处，如能具备关爱家人的正确观念，便容易采取"适当的表达"和"适宜的方法"，将自己对家人的满腔爱意，转达给对方，让家人能真正感受到你的爱。每个人都是独立的个体，人与人之间各有差异，即使是最亲密的一家人也不例外。

专家认为，孩子未拥有合理的判断能力前，不会做出合理选择，而如果此时拥有太多的选择权，会导致孩子太受娇宠和溺爱，这个问题，要处理得无过无不及才好。

爱，从尊重彼此的差异做起；爱，就是了解家人的需要；爱，就是给家人及自己空间。

关怀、谅解是爱的秘诀所在，父母关心子女是先决条件，但子女体谅父母，孝敬父母也是不可或缺的。爱是双方的，需要交流，片面、单向的爱是不健全的。

二、为孩子营造最佳的学习环境

人口众多，住房拥挤，空间狭小，这是我国大多数家庭的实际状况。所以，一提到培养孩子的问题，有些家长就发愁："没一个好环境怎么办？"其实，这种忧虑大可不必，安静的房间，优越的学习环境，众多的复习参考书，这些并不是培养孩子的必须条件，只要让孩子意识到，现在所给予他的环境是父母所能提供的"最佳环境"，并且父母也努力去保持这个环境，就足够了。

比如说父母正在看电视，而孩子该做功课了，这时父母不妨关掉电视改为看书，或者辅导一下孩子的功课。再比如说房间很小，只能放下一张书桌，那么当父母的不妨做些牺牲，把中间的位置让给孩子写作业，父母则坐在边上工作。

你还可以和孩子一起动脑动手来改变你们的家庭环境，如找一块厚一点儿的玻璃板垫在不平的书桌上，或自己动手做一个单人的小书桌、小椅子，你还可以自己动手根据孩子的特点编一些辅导题……

不必担心硬件环境不好，只要教育得当，什么样的环境都可以培育出人才。

早成才来自良好的家教

可能是忙于赚钱或营利，大部分的家长都以为把孩子送进学校便算尽了责任，对孩子的教育撒手不管。实际上，给孩子创造一个理想的学习环境，谁也不能代替家长。此外，孩子还处在不断增强自控能力的阶段，孩子在学校里学习的时间有限，放学后，没有家长在旁鼓励、提醒和监督孩子做功课，孩子是很难学好的。

尤其是在初学阶段，有些孩子学得快些，有些学得慢些，遇到学习障碍时，教师未必能一一兼顾，家长能在家中设法（包括聘请补习老师）适时提供更多的学习机会和指导，扶持孩子追上进度，不致落后他人，孩子才有信心和勇气争上游，发挥所长。

因此，家庭教育，加上好的学习环境，再配合良师辅导，是孩子教育的3个砝码。

一、家庭教育的基本方法

著名教育专家蒙台梭利主张儿童自主发展，培养孩子要用一颗平常心。每个孩子都成为天才是不可能的，只要孩子能按原有天性去发展，就能成为一个自足的理想的人。

蒙氏认为教育儿女最基本的方法是"奉陪到底"。她利用大量的时间，尽情地和儿子一同游玩，不停地交谈，并进行"随机交谈""随机教学"——草一木、一花一虫都是她教育的素材，只要儿子感到有趣并发问，她就教给他相应的知识。蒙氏的奥秘就是唤起孩子的学习兴趣和让孩子提出问题，并给予耐心的解答。儿子提出好问题，即时给予鼓励，自己不懂就说不懂，于是两个人一起追查，以身作则地灌输给儿子追求真理的精神。遇到高深、抽象的理念，蒙台梭利会用浅显理解剖析问题，让儿子明白透彻才罢休，若儿子不认真学习，她便即时矫正。

"天然去雕饰"是孩子容易接受的手段，因为太复杂的方法父母不易掌握，孩子还不易领会。但重要的是多陪孩子学习，适时"扶持"才是最适当的。

近年来，许多教育理论标新立异，一发现某些适用于局部范围的通则，便迫不可待地全面去试用——把天真无邪的儿童当作小白鼠。家长们对新的教育理论和原则万不可附庸风雅，应该依实际情况而定。事实上许多所谓新的社会科学理论，未经严格检验，未经全面观察，便在学校、家庭中推行，对儿童的心灵发展是不利的。

例如，不少人鼓吹新潮教学法或家庭教育的原则，若追问其历史和推行效果，并非吹嘘般神奇有效。因此，传统家庭教育方法和原则不宜放弃。

二、给父母的10条建议

1. 一个孩子需要引导、劝告和控制，需要父母指出他可以做什么，不可以做什么，甚至要求他做什么。这并非教条主义。

2. 坚持决定，不向孩子的错误让步，在孩子面前赢得尊敬，并使其相信自己。

3．你可以固定几条主要规则，对于次要的就因时制宜地施行。

4．惩罚孩子时要让他明白为什么。

5．权威和独裁主义明显的不同之处是：独裁是一种即使孩子有理由也不向他让步的坚决意志；善用权威是合理适时指导和规范孩子的行为。

6．在实施权力时，要考虑到孩子的性格和当时的具体情况。

7．对孩子的苦苦哀求决不松口，坚决地行使正确的权威，决不做对孩子身心有害的事情。

8．在父母合理和严格的要求下，孩子要慢慢地学会控制自己。如果他很小就有权做他喜欢的一切事情，那么以后要他遵守规则就很困难，在社会上生活就更难。

9．孩子懂事后，与之说话、做事要讲道理，不要只有命令没有原因，否则，会激发孩子的叛逆心理。

10．孩子相信父母的坚定性，就会感到放心，并有了精神依靠。

三、教养孩子应避免犯的4种错误

请遵循前面所讲的教养孩子的基本原则，同时也应避免产生下面几种教养孩子的错误。这些错误会导致孩子的行为或情感出问题。父母以及孩子都不是十全十美的，但你要尽最大努力将教养工作做好！

下面将举例说明：

1．父母没有奖励孩子的良好行为

上小学五年级的江杰将他的成绩单拿给爸爸看，而他的爸爸正坐在安乐椅中看报纸。爸爸未奖励取得好成绩的儿子。

江杰："爸爸，我这学期取得了相当不错的成绩，你想看看我的成绩单吗？"

爸爸："好的，但让我先把报纸看完。你去问一下你妈妈，她今天是否交电话费了？"

2. 父母无意中奖励了孩子的不良行为

6岁的欣欣和她的父母一起露营，他们刚买完午餐回来，妈妈感到很热，又累又饿。

欣欣："我想在吃饭前去游泳。"

妈妈："我们要先吃饭、睡午觉，然后你才能去游泳。"

欣欣："如果不让我去游泳，我就哭！"

妈妈："噢，欣欣，好孩子，千万别那样，你先去游泳吧。"

3. 父母无意中惩罚了孩子的良好行为

8岁的米米想以主动洗碗来给妈妈一个惊喜，而妈妈无意中说了一些伤害她的话。

米米："妈妈，我洗好碗了，你高兴吗？"

妈妈："你也到了该帮忙做事的时候了。放在炉子上的锅是否洗了？是不是忘了？"

4. 父母没有及时惩罚孩子的不良行为

爸爸和妈妈两个人正坐在客厅看着11岁的汪洋放肆地揪弟弟的耳朵。父母两个人均没有对汪洋的攻击性行为进行训斥或采取任何形式惩罚措施。

妈妈："我希望你能管管你儿子。"

爸爸："男孩子嘛，不用管！"

四、让孩子健康快乐地成长

健康快乐能使人生活愉快，是生活中最重要的指标。以下几点建议有助于你让孩子向这个方向发展。

1. 把婚姻与家庭摆在第一位

对于一般人而言，婚姻关系伴随终生。理想的状态是夫妻恩爱，琴瑟和谐，孩子享受着温馨的家庭环境，身心的发展才能舒畅自然，这是千金难买的心灵处境。

2. 通过让孩子协助家务去培养他们的责任感

对孩子照顾太过周到，会使他自觉意识淡薄，感受不到自己的责任，心里毫无压力。因此，平时应尽量让孩子协助做符合他们能力的家务，这样才可渐渐培养孩子的责任感。

3. 减少看电视节目的时间，鼓励孩子从事创造性活动

由于电视内容的成人化，家长应控制孩子看电视的时间和内容，多引导他进行其他有助于集中注意力、发展抽象能力的活动。家长需引导孩子多从事创造性活动（例如绘画、手工等活动），这样可培养孩子的思维能力，从模仿提高到自我创作的境界，这对孩子的发展是十分有用的。

4. 清除不需要的玩具

要经常清理不需要的玩具，让孩子形成良好的卫生和家庭整洁的习惯，让他明白空间和物品的关系。

5. 要拒绝孩子的要求

常言道："人要学会拒绝。"父母对孩子一定要学会拒绝。拒绝心肝宝贝的要求，会使家长左右为难，不易开口说"不"。然而，凡事有求必应，反会使孩子欲望无穷，凡事务求满足一己私欲，更不曾尝到挫败和被

拒绝的滋味，结果大大削弱了其承受挫折的能力，小则乱发脾气，大则自杀或伤人，埋下到处闯祸的种子。因此，家长凡事须小心衡量，对于孩子提出的过分要求，也要婉拒和向其说理由。

6. 让孩子学会服从

传统家庭往往家长有着绝对权威，其实这无益于孩子的自由发展，自由民主是现代家庭努力的方向。倘若孩子不懂服从，即使正确的指南也无用武之地。因此，合理地培养孩子服从正确指引，是十分重要的。

兴趣是促进孩子学习的第一动力

一、培养学习兴趣的重要性

孩子学习好不好，关键在于孩子对学习有没有兴趣，有没有养成爱好学习的习惯。

不知各位家长注意过没有，孩子们做游戏是从不用大人操心，不用大人去组织、督促的。孩子喜欢踢足球，他从不用家长督促，一有时间就会跑出去踢，甚至你叫他吃饭他都舍不得回来；孩子喜欢去动物园，星期天或节假日他会软磨硬泡地让你带他去，而且一去往往是乐不思归；孩子喜欢玩网上游戏，你也从不会担心他会不会玩，因为即使不会也很快就会学会而且玩得很好。

为什么呢？很简单，因为他有兴趣、喜欢，所以再累、再复杂他也愿意接着做并且做好，即使做得很辛苦也心甘情愿。

相反，不知你注意到没有，如果让一个成年人去做一件不感兴趣或不心甘情愿去做的事的时候，很多时候做不好。因为这件事往往在还没开始做时，你已觉得累或厌烦了，做下去，就更累，更烦了，结果往往时间花了不少，力气费了不小，事情还做不好。

在孩子学习的问题上，道理是同样的。只要孩子对学习有了兴趣，他可以不知疲倦，越学越爱学，可以最大限度地综合运用他所学过的各种知识，去吸收、消化新学到的知识。

孩子对学习的兴趣有一部分是天生的，但绝大部分要经过后天培养。而兴趣的发掘和培养，要靠家长的努力。兴趣是一团火，这团火是大是小，是熄灭了还是熊熊燃烧，这取决于家长的努力。

家长们，当你指责、督促孩子，为孩子的学习而操心的时候，请注意分析一下自己的方法。因为这些都需要你的努力，而将你的努力化为孩子学习动力的最佳办法，就是用你的努力去培养孩子们对学习的兴趣，并养成其良好的学习习惯。

二、轻松培养学习兴趣

培养孩子对学习的兴趣并不难。美国的斯特娜夫人在她写的《M·S·斯特娜的自然教育》一书中，提到了她是如何启发她的小女儿维尼夫雷特的。

一般来说，孩子小时候主要是直觉形象思维，对数学很难感兴趣，小维尼夫雷特也是这样。怎么启发孩子多学一些东西呢？斯托娜夫人没有强迫维尼夫雷特去死记硬背那些枯燥乏味的运算口诀，斯托娜夫人也不是干巴巴地讲道理，而是运用语言和游戏相结合的方式，在说说笑笑中使孩子对数学产生兴趣。例如，她把许多纽扣和豆子放进盒子里，与维尼夫雷特轮流抓一把，数一数，比一比，看谁抓得多。过了些日子，她见维尼夫雷特玩得很开心，听得入迷，有了数的概念，便又把纽扣和豆子分成几组，并逐步增加，让孩子每数一遍，都把数目的变化说出来，再记在纸上。这样，维尼夫雷特很快学会了加减运算方法，并掌握了乘法口诀，对数学产生了浓厚的兴趣。

斯特娜夫人还想出许多方法教小维尼夫雷特学外语。当维尼夫雷特刚会说英语时，她就用13国的语言，让维尼夫雷特学习"你早"这句话的各种发音。方法是用13个布娃娃分别代表13个国家的人，每天早晨，她都让维尼夫雷特分别用各个国家的语言，对各个国家的布娃娃"代表"问候"你早"。这样做的结果，既提高了维尼夫雷特的语言能力，又陶冶了孩子那幼小的心灵。

其实，学习的兴趣是每一位孩子与生俱来的，孩子从开始向大人提问题，就是孩子求知渴望的表现，可惜并不是每个大人都能从开始就注意到，不少家长对于孩子提出的问题不能认认真真地回答，没有逐渐引导孩子更深的求知愿望与阅读愿望。这样不但浇灭了孩子的求知愿望，时间长了也会影响学习兴趣和习惯的养成。

例如，有一个成功的学者，他对孩子的培养就是从回答孩子的问题开始的。孩子的每一问题，他都尽可能耐心地圆满地回答，并循循善诱，引导孩子理解更多的相关知识，提出更多的问题，并慢慢学会自己去解答问题。他从不拒绝孩子听故事的要求，并且从讲故事到引导孩子看故事、读故事，最终培养了孩子的兴趣和乐趣，养成了爱学习的习惯。

帮助孩子掌握科学的学习方法

一、要恰当选择学习方法

有效的学习方法有很多，但由于学习对象、学习任务、自身智力状况、个性等不尽相同，所采用的学习方法也就会不完全相同。因此，我们要教导孩子在潜心学习别人成功的学习方法时，一定要善于结合自己的特点，并创造适合自己的新鲜方法。下面我们提出了一些参考建议。

1. 根据智力水平选用

每个人的智力基础与状况是有差异的。心理学一般按照人的智力发展水平，把它划分为超常、正常和不正常三种类型。大多数人属于正常智力水平。智力水平与学力水平一般是相适应的。但调查发现，约有27.8%的人"学力不足"，调查其原因，发现他们一般在学习方法上有明显缺陷。这些人只要针对自己的缺陷有计划地加强学习方法的训练，便可以提高学力。学力一旦提高，智力也跟着得以发展，信心也就树立起来了，从而形成良性循环。

在智力高的人身上，大多存在因学习方法不当而造成智力浪费的现象。智力高的人学习时，往往呈现出无计划学习的倾向，表现为高兴时，紧张积极地进行学习；不高兴时，就丢下书本不管了。这样势必造成智力浪费，而且容易在自我意识上造成错觉，从而陷入学力不佳状态。因此，高智力者最需要有计划地学习。

2．根据性格特点选用

孩子们的性格是从不稳定状态发展到逐步趋于稳定的状态。人的性格可分为内向型和外向型两种；每种性格又各分为五种类型，其特性如下所示：

（1）内向性：寡言、谨慎

①孤独型：消极、孤僻

②思考型：深沉、自省、推理

③失去信心型：自卑、自咎、强烈地内疚

④不安型：清高、胆小

⑤感情型：敏感、情绪

（2）外向性：开朗、积极

①社交型：善辩、适应

②行动型：实际、肯干、进取

③自负型：自命不凡

④乐天型：无忧无虑

⑤冷静型：慎重、沉着、安稳

不同的孩子性格也各不相同，对于学习方法的选用也有所区别。外向性格的人，在学习上的一个最大缺点就是缺乏计划性，情绪波动较大，他们不愿被计划所束缚，不订学习计划安排表，有的虽然订了，也不能实行。外向性格的人要安下心来学习一般是比较困难的，因此，他们较适于在集体中学习，即采用集体学习法。因此，对外向性的人来说，要采取计划性的学习方法，要养成按计划学习的习惯。

内向性格的人则正好相反，他们最大的优点是善于思考，情绪不易波动，但有过分因循守旧的倾向。所以，他们选择朋友特别慎重，一般不适合于参加小组的集体学习。内向性格的人如果被自卑感所困扰，学习的效率就难以提高。一种克服的方法是狠抓擅长的学科，在这方面取得好成绩，树立起自己的信心，由此再抓那些不擅长的学科。

一个人的性格经过努力是可以改变的。有位中学老师独具匠心地打破以往按身高、性别等生理条件排座次的原则，而将上述两类不同内外型性格的学生结合排座次，结果起到了互相影响、取长补短的效果。这有利于同学们性格的良好发展，也有利于孩子的学习。

3．根据学习对象选用

即要根据知识学习、技能学习、品德学习特点及学科特点进行学习。如知识学习宜用理解法、概括法等；技能学习宜用模仿法、练习法等；品德学习宜用榜样法、实践法等。各门学科各有特点，因而学习方法亦各异。如文科类课程伸缩性较大，学生可以较多地自学，看些参考书，要着重掌握观点和材料；理科类课程学习逻辑性很强，要求学生尽量不缺课，自学也一般应与老师的讲课同步，要着重于理解与动手能力的培养。

4．根据性别条件选用

在智力因素的发展上，男女是有差异的，各有所长所短。如在记忆力方面，男生的理解记忆和抽象记忆较强，女生的机械记忆和形象记忆较强。在思维方面，男生较多运用逻辑思维，这方面的思维较强，一般较喜欢理科；女生则较多运用形象思维，这方面的思维较强，一般较喜欢文科。一般说，男性胆大、好动，好奇心和求知欲强，但往往较粗心，不够认真，偏于自满；女性一般细心，对周围人的变化较敏感，但往往胆小、

第五章 这样做可以提高孩子的成绩

177

怕动，感性知识较少些，意志力稍差，偏于自卑。

根据以上所述，男女两性在学习方法上无疑也是有差异的。总的说来，就是要既扬长，又补短。如女生在利用机械记忆、形象记忆的同时，也要加强理解记忆、抽象记忆的训练；在发挥认真、细心特点的同时，亦要克服自卑、胆小的缺点，等等。

5．根据学习任务选用

每个时期的学习任务不同，学习方法就会有所不同。一般说，一方面，要按教学进度安排，多学科齐头并进，交叉学习，或有重点、兼顾全局地学习；另一方面，又要按照自学要求，采取计划学习方法，把学习任务和个人要求结合起来学习。

二、重视科学的学习方法

古今中外一切学有专长、取得了令人瞩目的伟大成就的人，都十分重视科学的学习方法。中小学生的学习效果如何，除了努力的程度不同，一个重要的原因就在于是否掌握了科学的学习方法。

很多学生存在不会学的问题。要提高孩子的学习成绩，父母必须引导他们掌握科学的学习方法。比较好的学习方法是：

1．独立完成作业

老师留作业的目的是要检查学生对所学知识的掌握程度，能否及时消化和巩固，同时也是检查学生运用所学到的知识分析问题和解决问题的能力。因此，要先复习，弄懂弄通所学的新知识后，再动手写作业，才能加深理解，巩固与掌握新知识。家长必须要求孩子独立完成作业，反对不动脑筋、依赖家长的行为，甚至抄袭他人的作业的错误做法。

家长绝不能代替学生做作业，也不能用看、管、盯的办来让孩子完成作业。要根据孩子的生理、心理特点，尊重客观的学习规律，循循善诱，调动孩子的主动性、积极性，使非智力因素得到发展，并注意培养孩子良好的学习习惯，指导孩子掌握科学的学习方法，长期地、持之以恒地做下去，一定会收到其良好的学习效果的。

2．课前预习

预习有许多好处，能培养学生自学能力，提前扫除听课中的"障碍"，做到对老师要讲的课程心中有数，从而提高听课效率与记笔记的速度，使孩子的学习处于主动的地位。

3．认真听课

听课是学生学习的关键，学生学习知识的主要来源是通过课堂学习，忽视了听课这一环节，就会丢掉主要的东西。家长要教育孩子聚精会神地听课，积极思考，抓住重点、难点，力求在课堂上弄懂弄通。家长要纠正孩子不重视听课，喜欢在课堂上搞小动作、说话等既影响自己也妨碍别人听课的错误做法。课后，要归纳总结，把知识条理化，并尽可能用所学知识分析和解决实际问题。

4．及时复习

复习是把已学过的知识重新学习。复习时要归纳和总结，要记忆，更重要的是要进一步消化和理解，随时学，随时复习巩固。不要平时从不复习，只等到期中、期末考试前"突击算总账"。因为人们遗忘东西是有规律的，一般情况下遗忘的速度由快到慢，刚学完的知识，遗忘的速度较快，离学习知识的时间越长，遗忘的速度随之减慢。遗忘的速度是随着时间的推移而递减的。比如，一次学20个外语单词，如不及时复习，第1天可忘10个，第3天可忘5个，第6天可能遗忘2个……学了新知识后，及时复

习,就可以防止知识被大量遗忘。如拖了很长时间再来复习,所学的知识就会忘得所剩无几了。复习的好处是,能有效地防止遗忘,巩固所学的知识。复习分当天复习、单元复习、阶段复习和总复习等。

协助孩子发展学业

一、家长对孩子学业的影响

孩子学业成败的关键,除了本身的资质和努力外,还在于家长能否提供有利于学习的环境,以及能否鼓励孩子掌握和运用学习技巧。

充裕的经济资源并不是学业有成的必要条件,家境富裕的孩子在成绩上并不一定独占鳌头,而学业有成的孩子与家长的4种行为有关。

首先,家长对孩子有颇高而符合实际的期望,他们鼓励孩子做学校和家庭里的符合年龄的工作。家长相信孩子的能力和潜力,在循序渐进的基础上激励和帮助他们更上一层楼。

其次,亲子间充满温馨和眷爱,家长重视纪律及控制策略,善用权威而非沉迷权威主义。孩子的行为受一定的限制但仍感到安全和被接纳。

再次,子女获得家长的陪伴时间很多,这是一个最重要的一点。倾听子女的心声,说故事给他们听,朗读优美的文章给他们听,总之和子女有说有笑。家长千方百计吸引子女对周围世界发生兴趣,通过一些简单而有效的概念架构,引导他们理解一些社会现象。当子女探索和查问时,家长要乐意回答并提供指引和支持。

最后，家长重视价值教育和鼓励子女建立自尊心，并安排有利学习的环境，深信孩子努力学习必然能出人头地。

常言："穷人的孩子早当家。"对于一些物质资源不足的家庭，如果家长在孩子的精神激励和心理依靠上做了充分的努力，孩子同样会有所回馈。勤奋的孩子是能够在学业上大放异彩的。

因此，未来的教育发展趋势是学校主动呼吁和鼓励家长，积极建立适宜孩子学习的环境并帮孩子确立勤学的价值观，从小就建立孩子对学习的浓烈兴趣，培养其不断学习的生活方式，这样一定能促使孩子学无止境。

二、为孩子营造最好的教育环境

从现在开始，你就该着手改善生活质量，你可以从以下几个方面进行改善：

1. 许诺多给你的孩子一点时间，甚至是一个16岁的孩子。

2. 给你的孩子一些正面的评价，帮助他建立被认同的感觉。这样你的孩子会表现得更好。

3. 许诺每天花5分钟聆听你孩子说的话，这样你就知道在他的每天里都发生了什么。

4. 许诺给你的孩子安全感和爱，这样他就会很高兴，会喜欢自己也会被别人喜欢。

5. 对孩子的行为有一个高标准，你们要达成协议，如果他不服从的话就予以惩罚。

6. 让你的孩子有平衡的饮食、充足的睡眠和适当的运动，这样他就有足够的体力和精力最大限度地适应学校生活。

7. 许诺每天读故事给你的孩子听或听你的孩子读故事。

8．许诺带你的孩子去图书馆并让你的孩子拥有一张图书证。每天安排一下他们的读书的时间，这个时候把电视和收音机关掉。

9．许诺给你的孩子更多的学习机会，让他增加词汇量和知识。

10．支持你孩子的学业，特别要配合他的老师，这样他会表现得更好，受到更好的教育。

11．当孩子做功课的时候，在家里营造一个安静的气氛，关掉电视，挂上电话。

12．告诉你的孩子怎样交朋友，这样他就会拥有好朋友。

13．严格限制你孩子看电视机的时间，这样他就有时间读书，做作业，发展自己的爱好。

三、指导孩子做好功课

协助子女学业的发展，要从根基入手，从关注子女平时学习的效率入手。重视和协助子女解决功课的问题，是扶助子女学业发展的关键。

有不少孩子都不能自觉地完成功课，因此家长一定要履行自己在监督和协助孩子做作业方面的义务。家长最好能提供安心读书、免受干扰的读书环境，给予子女正面的鼓励。当子女情绪低落、心灰意冷时，父母能帮孩子解决难题。父母不可以替孩子做作业，这样就剥夺了孩子练习的机会，对其心智各方面的发展是有害的。

有些家长提起孩子做作业就头痛。确实，处在小学阶段的孩子由于自我意识还不成熟，在他们幼小的心灵里，往往没有"责任感"，因此，他们意识不到做作业是学生的义务，常常敷衍了事。指导孩子做作业便成为父母的日常工作。在指导孩子做作业时，请家长注意以下几点：

1．忌"代劳"

有些家长怕孩子累着，常常代替孩子做作业。小学生的作业往往是打基础的，父母的代劳削弱了这种基础。

2．忌"陪读"

有些家长为了不让孩子三心二意，就坐在旁边监视，这样做可以理解，但这种"陪读"会引起孩子的紧张，反而不利于学习。

3．忌"指指点点"

有些家长在孩子做作业的过程中，一旦发觉作业有误时，马上就指出来，这样做会阻碍孩子独立思维能力的发展。

那么，应该怎样指导孩子做作业呢？

1．应培养孩子养成按时做作业的习惯。良好的习惯往往会达到事半功倍的效果。

2．遇上难题，家长指导时要注意分寸。可以采取分步法，即家长先给予提示，让孩子思考下面如何做。当孩子弄懂后，再出些类似的题目让他巩固。

3．逐渐培养孩子独立做作业的能力，对于低年级孩子，父母可以多花些时间进行指导，但随着孩子年龄的增长，时间要逐渐缩短。

4．鼓励孩子自己检查作业。让孩子说说错在哪里，为什么会出错，这样可以使孩子记住错误，以免下次再犯。

经过这样慢慢的指导，孩子的学习会越来越好。

四、谨防走入家庭补习误区

很多家庭喜欢给孩子请补习教师。补习的目的有很多种，比如为成绩差的孩子补习，以便孩子的学习迎头赶上；为成绩好的学生补习，希望百尺竿头更进一步。这些补习应该说都是合理的。更有很多家长本身受过相当程度的教育,而且又有空余时间,于是就义不容辞地当起孩子的家庭教师来了。这样应该说能收到更好的效果,而且父母在帮助孩子温习时还可以了解到孩子学习的进程、习惯和兴趣等。但这里值得提醒的是,千万别走入家教的误区,导致收到反效果。

做父母的为孩子补习时应避免以下几点:

1．不讲方法、强迫学习

凡是家长认为重要的知识,就希望孩子快快去了解和吸收。孩子的智力可能未发育到大人期望的程度时,做父母的就会要求孩子硬记。或者孩子为了讨好父母,不敢说出自己不明白的地方,结果就像念对白一般,把父母说的照念一遍。这种填鸭式方法对孩子没有什么好处,徒然浪费时间,还使孩子觉得学习是件苦事。

2．拔苗助长、急于求成

为了使孩子加强对课堂所学知识的理解,适当地帮助孩子做些课前预习或超前教育是必要的,但要掌握孩子学习知识的阶段性和循序渐进性,切不可过多地超越知识积累的阶段,急于求成,造成孩子负担过重,压力过大,从而产生厌烦和惧怕心理。还要注意,在帮助孩子预习功课时,不能把全部嚼碎的"馍"喂在孩子嘴里,要留给孩子在课堂上需要"咀嚼"的内容,这样才会使孩子上课不感到乏而无味,才会对老师讲的课感兴趣,配合好教学活动。所以预习功课时,父母要把重点、难点适当地明确告诉孩子,让孩子留心听老师怎么讲解。

3．没有耐心、严厉训斥

父母对孩子的期望和要求总是很高的,人人都希望自己的孩子聪明伶俐,所以当他们用心解释三四次后而孩子仍不明白时,就很容易失望、生气甚至发火，小则怨骂几句，大则挥手打孩子。这种教导方法不但造成孩子对学习产生恐惧心理，而且会破坏父母子女间的感情。这种补习方法所收到的是相反的效果。如果做父母的发觉有以上的毛病，能够改过来最好，如果改不过来可以从外面请个补习老师回来，因为父母、子女间的感情是不值得为此而被破坏的，补习的效果既然不理想，产生不良的后果，为什么还要继续花时间费精神来补习呢？

4．题海战术、不讲效率

为了督促孩子完成教学作业，根据孩子的学习情况与能力，适当加点儿课外作业也是可以的。反对家长不顾孩子的实际情况无止境地加练习题，名义上是用题海战术训练孩子，实际上这是对孩子身心的摧残。还有的家长没有掌握让孩子劳逸结合的规律，不讲效率，一个劲儿地长时间强迫孩子学习，不准孩子适当休息、娱乐，实际结果适得其反，孩子不但没有提高，反而学会了应付事。正确的方法是要给孩子留出足够的玩耍和娱乐的时间，明确规定需要完成的学习任务和学习时间，提高孩子的学习兴趣与学习质量，鼓励孩子在学习之余积极地玩耍与娱乐。

五、分数并不代表全部

应当让孩子明白，成绩是他刻苦努力的结果，而不是终结目标，注重点应放在自身的发展和成长上。

在学习上遇到的困难，孩子需要信心。在这种时候，他们对分数格外看重，似乎一次考试就能对他的能力及前途做出判决。这种过分的敏感，不利于孩子克服自信心的危机。

在班里成绩优异是重要的，但对成绩不能过于敏感。对待学习与成绩比较理想的态度是：课堂学习是用来改善自身和脑力的工作，而不是为了争得好的成绩向学校和家长做交待，也不仅仅是为了进好大学。优异的成绩如果不是靠刻苦学习和坚实的知识结构做支架是没有太大意义的。当一个人走入社会后，分数不再出现，真正有意义的是他所积累的知识和运用这些知识的能力。

伴随着能力与知识水平提高的成绩是有意义的。事实上，孩子们对成绩的追求很大程度上来自于父母的压力。做父母的首先应当检查一下自己对成绩的认识。

一位成人回忆自己的学生时代时说："我在学校时，家庭给我的压力很大，因为家庭成员和亲戚都是受过良好教育的人，认为我也不该落后。在我成长的时候，有时我觉得我在为我的妈妈学习，为我的爸爸参加游泳队。到了高年级时，有一段时间我具有反叛性，因为我感觉不到快乐。那时我的成绩下降得很快，但我并不难过，因为我不认为那是我的成绩。现在我懂得为自己的长远发展而刻苦学习是非常重要的，我之所以能够干得好，是因为这是出于我的意愿，而非他人。"

其实父母也在为孩子的前程着想，关键是如何传达这一信息。

六、尽量不要给孩子施压

吉姆·道博森博士在他的《敢于批评》一书中指出："所有的家长在孩子出生时都祈祷孩子能够健康正常，在他们出生之后，他们又希望自己的孩子成为天才。"

当家长们坚持孩子应该在学校里取得最好成绩时，问题就出现了。不适当的压力会给孩子带来困扰，这些困扰会给孩子带来疾病。处在重压之下的孩子很有可能选择放弃。他们会形成一种"它不值得"的态度；他们可能会更加叛逆或成为行为怪异的人；他们可能会把压力埋在心里；他们可能开始厌学。

不要给你的孩子施加压力，迫使他们成为最优秀的人。

七、帮助孩子化解学习压力

对于孩子而言，压力常是成长发展的必然产物，每个发展阶段会有不同的压力，以驱使孩子们向下一个阶段前进。

1. 压力产物之一：异常行为

压力过大会导致孩子出现异常行为。有的孩子会变得终日躁动、爱发脾气、难以抚慰；有的孩子则可能变得懒洋洋、心不在焉、无所事事；有的孩子会出现日常生活规律的改变，像睡眠需求增加或减少，饮食胃口增加或减少，或是对于日常生活中各种活动如上学、游戏的兴趣改变等。

许多家长常会把一些行为，如胃口差、爱睡觉等，归因于身体疾病。有时也会把逃学、猛打电动玩具等行为，归罪于孩子结交的坏朋友。其实，这些都是孩子承受压力之后，所表现出来的异常行为。

2. 压力产物之二：身体症状

孩子心理上的压力会在身心各方面引起反应。就像我们在跑步时心跳加速，呼吸急促，肌肉紧绷，情绪上会紧张害怕；面对压力时，也会有类似反应。尤其是在长期或过度的压力下，容易出现头痛、背痛、高血压、胃肠溃疡、焦虑、紧张、失眠、厌食等各种症状。

孩子同样会因为过度压力而引起许多不适应的症状，但是由于孩子身心皆在发展当中，智能、体能尚未成熟，情绪、行为的表达也不充分，所以他们的反应往往有别于成人。如果孩子出现肚痛、头痛、恶心、呕吐、头晕等症状时，可以考察一下是否是压力过大。

3. 压力产物之三：退化性行为

退化性行为，也会在许多孩子承受压力时表现出来。例如，患感冒的3岁孩子，变得爱吃奶嘴，一直要大人抱，不肯自己走路；或是有些已完成如厕训练的孩子，忽然连续出现尿床情形。家长在遇到上述现象时，不要过分责怪孩子是故意捣蛋，而应多注意孩子所承受的心理压力。

孩子们对于压力的各种行为证明孩子有焦虑的情绪，父母的责任并非要完全消除孩子的压力，不让他们有任何焦虑，因为适当程度的焦虑是孩子身心成长的动力。那么父母到底该做些什么来协助孩子呢？

1. 了解孩子焦虑的原因

一方面观察孩子，一方面倾听孩子的心声。焦虑并非一定要消除，重要的是，孩子是否能从父母得到克服焦虑缓解压力的支持和帮助。

2. 父母要常为孩子设身处地想一想

孩子的身心状况和大人截然不同。假如父母只是一味地从自己的观点来了解孩子，就会忽略孩子不同的身心发展阶段、个别的气质特征，因此，也无法体会孩子在各种压力下的情绪反应。所以身为父母者应该经常反问自己："孩子现在感觉如何？"

如果发现孩子有情绪变化，有效的方法便是引导他倾诉。事后，父母不要给过多的苛责与批评，这是帮助孩子解决压力的最有效方式。

当然，有时候孩子并不能完全面对自己的焦虑，所以父母在经过观察、了解孩子的反应，及初步处理之后，可以适当给予协助，至于协助的程度及方式，则依状况而定。

父母应让孩子看到共同面对的局面，这样孩子能继续做出克服的努力。

就像孩子一样，父母也会有压力的时候，当父母没办法处理孩子所面对的焦虑时，不妨寻找专业人员的帮忙。例如学校老师、辅导老师、心理卫生工作人员等，都可以提供给父母以客观的评估及不同的专业咨询。

总而言之，对孩子的焦虑，父母应从容、正面地处理。

父母要积极配合

一、与孩子一起探讨学习

研究表明，许多成功人士对自己工作的意义并不十分了解，他们之所以能获得成功，是因为他们一直要确认他们工作的意义是什么。

由此我们可以想到，对于学习，孩子必须先对所学的科目发出疑问，并获得解答，这样才能在学习上获得成功。

在足球赛中，有时被人认为最有可能夺冠的球队，结果在预赛时就惨遭淘汰，而那些人们预料之外的认为无夺冠可能性的球队却往往是冠军的得主。

无论是足球还是考试，这种一次定胜负的场合，只要有不被压力所压倒的实力，就能取得好成绩。

填报哪所学校比较好？该选择哪一本参考书才能使学习成绩得到提高？孩子们会困惑地提出类似的问题。

其实，所有的事情都是如此，孩子一开始无法掌握事物最核心的本质，但看清后，就会有意想不到的新发现。孩子在困惑之后所找出的道路，是最有可能使他们获得成功的。因此当孩子产生困惑时，最重要的就是告诉他不要因困惑而烦恼，要引导孩子不断地想办法去探寻确切的答案，彻底研究问题才是最重要的。

在"学习的意义是什么"这个问题上，父母可与孩子进行或深或浅的探讨，引发孩子积极向上思考，这对他们确立人生的远大目标都是很有益处的。

二、配合教学的方法

为了让孩子快乐地学习，家长参与引导、配合教学是很重要的一个环节。对我们现代的社会来说，学校的教育并不完善，所以家庭教育更可以发挥其独特的魅力，让孩子的学习更为主动。

1．珍惜孩子得到的小奖品、小制作等

把孩子在班上得到的小红花、彩旗等，展示在他们的"学习角"里；把他们的奖状、奖品陈列出来，适当地请亲友们参观，将起到很好的鼓励作用；家长还可以许诺，在孩子积累了一定数量的"奖品"后，还可以得到诸如玩具之类的"大奖"，鼓励他们继续努力。多鼓励和表扬，少批评，让孩子高高兴兴地学。

家长千万不要拿自家孩子的缺点同别的孩子的优点相比，说"瞧人家总拿前几名，你呢"之类的话。要知道，每个孩子的基础、身体、爱好，特别是语言能力是不同的，甚至相差很大，这样比较只会影响他的学习兴趣。

孩子们喜欢好学、好记的内容和形式，他们常常在放学时还在高声歌唱，可以说这是上课的延续，应当得到家长的赞许。但是有些家长，往往不悦地追问"今天学什么啦""你学会了吗"等，这些问话马上会扼制孩子浓厚的兴趣；反之，如果家长欣赏地听孩子唱完后高兴地夸赞"又学新歌啦，唱得真好"等，会进一步调动孩子的学习兴趣。

再有，大多数孩子都是在课堂上"能说会道"，但是当他在家时往往"不会"了。这是因为课堂上有着特定的学习环境，又是刚刚学习过、练习过的，离开教师和课堂当然就会不一样了。家长要理解他们，创造条件鼓励他们，而不是批评，更不能指责他们。

2．向孩子学习，拜他为师，也会极大地提高孩子的学习兴趣和学习的认真程度

认同孩子的学习，会使孩子们高兴。甚至，你还可以拜他为师。实践证明，轻松愉快的学习，能充分激发和调动孩子的学习兴趣、积极性和潜能，从而增强记忆效果和掌握运用知识的能力；反之，呆板、枯燥、紧张的学习，只能抑制思维活动，降低学习效果。

3．鼓励孩子并同孩子一起学习

如问候语、礼貌用语的应答，做过家家游戏、画图、涂色、剪拼等，这些活动既是有效的学习，也是亲子之间亲切的交流。鼓励孩子联系生活实际进行学习，如在日常用品上贴上标签等。

4．学校换教师时，要及时配合做孩子的工作

特别是低、幼年龄的孩子，对于先教他们的教师容易先入为主地喜欢和支持，他们较难接受后面接替的教师。而学校有时会更换教师，因此，遇此情况时，家长一定要及时帮助孩子接受新任教师。

上述的方法都是为了帮助家长在课外为孩子创造轻松愉快的学习环境和氛围，使孩子更轻松快乐地学习。可以说，要想让孩子学得好，首要是让孩子能"爱学""乐意学"，这正是现代教育一再强调的。

三、一切从实际出发

家长经常热心地陪孩子做功课，替孩子解答疑问，可答案往往与正

确答案有差距，久而久之，孩子就会产生"以后不让父母陪我一起做功课了"的念头。

有的家长太在意成绩，而且对孩子的读书方法有意见，并把自己的意见强加于孩子，要孩子按自己说的来做。结果不但没产生积极有益的作用，反而搞乱了孩子的学习步骤。

所以，家长应该把眼光放远，长期地观察孩子。例如家长可以把整个学期孩子的考试成绩做成统计表，从而从整体上比较客观地把握孩子的学习情况，避免了以一次考试来对孩子的情况做定论的草率做法。

长期观察、客观分析才能确实了解孩子的情况，给孩子提出要求时，也才有所根据，才能符合孩子的具体情况，从而使孩子的成绩提高。

不要强迫孩子去完成他们达不到的目标，因为超过他们的能力范围的目标，会使他们产生对于任何事都会有力不从心的感觉，从而使孩子产生逃避现实的想法。

四、做孩子的"竞争者"

父母陪孩子一起学习，这本是无可厚非的事情，所以父母在孩子学习的过程中，适当地对孩子进行鼓励与肯定，这样可以提高孩子的学习积极性和主动性。但是，如果父母摆出一张"老师脸"，以老师的眼光来看待孩子的学习，对孩子将是有百害而无一利的。父母应该和孩子处在同等地位，这样将会更有利于孩子的学习。

例如，母子一起做测验，母亲因为很有把握，因此不用看答案。但是，如果母亲也有做错的时候，不看答案就不能使错误得到纠正，在一定程度上误导了孩子对知识的理解。当考卷发回来时，孩子看了考卷后会对母亲表示不满："都是妈妈害我，我才会答错，以后不跟妈妈一起做功课了。"这样必定会使母子之间的关系变得僵化。

父母不妨让孩子来评分，孩子会认为：连妈妈都做错了，我一定要更小心才行。这样会加深孩子的印象，在学校考试时，就不会犯相同的错误。

因此，父母与孩子一起学习时，父母不要当"老师"，应该把自己摆在"竞争者"的角度，激发孩子的进取心。有竞争，才有进步。要使孩子上进，就应该提早让孩子了解考试竞争的重要性。

五、为孩子打气

常常有家长说："最近我的孩子成绩退步很大，他是否陷入了低潮期？"面对孩子学习成绩大幅度下降，父母经常不知所措。

孩子陷入低谷的原因很简单——没有好好用功，虽然花的学习时间与其他孩子相同，但只是为了应付父母，故意摆出学习的姿态，心却不在学习上，这样做当然成绩不会有提高。长期放松自己，当然会发生这种情形，这时父母不必过于紧张。但是，也不能视而不见，置之不理，因为孩子无法改变上述情况的话，成绩便会一落千丈。

这时应该怎么办呢？重新激发孩子学习的兴趣，才是上上之策。

父母可以采用奖励的方法，或者让他多做练习，让孩子重新肯定自己，是非常重要的。因为孩子肯定了自己才能重新树立起信心，有了信心才会有走出低谷。

有的家长在孩子学习方面，总是表现得很唠叨，常常不断地重复自己的观点主张，这种方法并不可取，它只会让你的孩子对学习更加反感和厌烦。

与孩子建立亲密的关系

一、在孩子身上多花点时间

家长教育孩子就是一门把孩子抚养成人、给他们智慧的艺术。你希望你的孩子是亲切的、善解人意的，并且是善待他人的吗？或者你是否听到每个人都在抱怨和诉苦？

为了让孩子健康、快乐地成长，并成为一个好学生，孩子需要父母的关注。谁能够帮助一个10岁的孩子减轻未被邀请参加同学生日聚会的痛苦？有谁能帮助一个17岁的孩子摆脱被校篮球队淘汰出局的阴影？唯一能帮得上忙的，当然是家长。但是如果家长们总不在家，那家长又如何知道这些困扰孩子的问题呢？

家长们都关注自己的事业，家长和孩子的关系已经不再紧密。建立一个家庭、抚养孩子都是浪费时间的事，它牵扯了家长们大部分的精力。多数家长都不愿意耗费自己的精力，阻碍自己的事业发展。

二、与孩子多交流、多沟通

当孩子到了一定的年龄时，他们在处理问题时就有了自主能力。当学龄前的孩子玩玩具的时候，他们就必须自己解决所碰到的问题。很多家长希望可以成为孩子的盾牌，可以帮助他解决生活中的所有问题。但孩子是渴望独立的，对于他们来说，自己越早解决问题越好。聪明的家长知道应该什么时候给予孩子帮助。

家长期望孩子掌握解决问题的技巧，这样当他们成年时就会变得自主和能干。

当孩子们独立行动时，他们就是在证明他们有能力解决这个问题。有时候家长不鼓励独立，是因为他们认为孩子不可能达到他们的目标。家长们应该鼓励孩子自己动手做事情，哪怕孩子有可能失败。家长的任务就是鼓励他们，失败是学会解决问题的必经之路。

家长可以与他们对话，他们极有可能畅谈他们的困难和困扰着他们的具伤害性的话题。

在这一对一交流的过程中，你将能够知道在你孩子的日常生活中发生了什么。你会知道他的哪一项需求必须现在被满足。一位曾被建议每天花10分钟与她的女儿交谈的母亲说："我总是知道她在忙什么，她的学校生活怎么样，她的朋友是谁等。"这位母亲觉得每天花10分钟与女儿交谈是她做得最有价值的事。

三、与孩子发展亲密关系应从孩子婴儿期开始

信任别人，爱别人，对别人给予你的爱的回应在婴儿时期就开始了。很多的研究表明，幼年时期，孩子与父母关系的疏离直接导致了孩子对爱的冷漠。

美国的两位教育学家曾在他们的专著中指出，许多与他们的父母关系冷淡的成人都变成了抢劫犯、小偷或贩毒者。如果孩子与家长们的关系很冷漠，到成人时变成杀人犯、虐待狂确实不是一件很奇怪的事。

相反，那些与家长关系融洽的孩子更容易成为拥有美满婚姻的人道主义者。

家长怎样与孩子发展亲密的关系呢？

在婴儿时期，家长应该在家里陪伴孩子，给予孩子关怀，建立最基本的信任和亲密的关系。这就要求一位家长持久地待在孩子身边或是让一个长期的看小孩子的人看护孩子，这样，孩子就有一种被保护的感觉。一旦信任或是亲密的关系建立了起来，这种关系就会维持下去。

妈妈应该与婴儿面对面地交谈。你所要做的是坐下，抱起你的孩子，这样你就可以与孩子进行目光的交流并开始交谈。这对于建立亲密的亲子关系和促进孩子的智力发展是很重要的。

每天为你的孩子朗读也会促进你们的亲密关系。同时它也发展了孩子的智力、听力。对于孩子来说，母亲的嗓音能给孩子带来抚慰。

为你的孩子唱摇篮曲也能使你与孩子的关系加强。对你的孩子来说，为他唱摇篮曲是使他安静的最好方法。

一个婴儿的大脑就像一台计算机，它贮存了以后要用的词汇。妈妈要在带孩子出去散步、为孩子换尿布及喂孩子吃饭时与他交谈。

四、给孩子必送的4件礼物

如果你希望你的孩子能够成为有责任感、快乐、有较强的协调力的人，以下这4件礼物是你要为他准备的。

1. 无论发生什么事都要爱他

如果你青春期的女儿怀孕了，你会帮助她度过这段艰难的时期吗？如果你的儿子与社会上的闲杂人等混在一起，你会帮助他吗？你的孩子是否知道，无论如何，你都会毫不迟疑地帮助他，接受他。这就是无条件的爱的全部——像牧羊人离开了群体寻找他迷途的羔羊一样。

2．用一贯的作风教训他

有时候，家长们不敢教训他们的孩子，因为他们害怕自己的孩子不再爱他们。家长们通常用惩罚来威胁孩子不去做不当的行为，但他们似乎从不执行。孩子很快就得知他可以逃过这种事。如果你对你的孩子讲他做错了事，应该受到惩罚，你最好实施惩罚，以防你的孩子试探你是否会履行你的诺言。

3．不要放弃

很多孩子都很难原谅他们的父母过早、太轻易地放弃对他们的关心与爱。一个15岁的孩子抱怨说："我不知道该怎么办好。"一个女孩怒气冲冲地说："我恨父亲的工作，他爱工作比爱我更多。"大多数家长用他们的时间来教训孩子而不是听孩子讲。教训孩子是毫无价值的，只有积极聆听才会产生效果。

4．始终信任他

无论怎样，你都要信任他。当他犯了错误时，你去帮助他许多孩子都认为他们的家长不在乎他们，才把他们放在托儿所里。你的孩子是否知道他是你的幸福所在？

孩子们希望被倾听，他们也希望被教训。孩子们需要你的信任和爱，给你的孩子这4件必备的礼物吧。

五、满足孩子的基本需求

要使孩子非常快乐地学习并且做到最好，有几项基本的需求是非常重要的。你的孩子不但需要强壮、胃口好、充足的睡眠、体育运动和新鲜的空气，当然他们也有别的需求。一位教育博士列出了每个孩子都需要和应该具备的东西：

1．爱。每个孩子都非常在乎身边是否有人关心他们、在乎他们。

2．被保护。每一个孩子需要他们的家长保护自己不受伤害；当自己面对陌生的、未知的和令人恐惧的情景时，家长会帮助自己。

3．安全感。每一个孩子都需要知道，自己的家是舒适、安全的地方：自己的家长总在自己身边，尤其是在自己最需要他们的时候。

4．指导。每一个孩子都需要在学习过程中得到友善的帮助，在他周围的大人们要教会他们究竟怎样与人相处。

5．接受。每一个孩子都需要相信父母很喜欢自己，就像自己喜欢自己一样，并不是只有当孩子的行为符合家长的标准时，家长才喜欢自己。

6．控制。每一个孩子需要知道他被允许做的事是有限的。即使他感到生气，他也不应伤害自己或他人。

7．独立。每一个孩子需要了解父母希望自己成长，他们对自己能够胜任的工作很有信心。

8．信仰。每一个孩子都需要一些道德准则，对善良、诚实、公正这类社会准则有坚定的信仰。

当孩子们的基本需求被满足后，他们就更有机会拥有健康的精神状态，成为能更好发挥自己潜力的学生。当然，如果孩子们最基本的需求被满足了，他们会拥有更健康的友谊，他们长长将成为好的父母，好的雇员。

六、孩子需要安全感和信任感

家中的安全感对家长和孩子来说都是很基本的需求。很多时候，大人们都能够表达他们对于安全感方面的沮丧和失望，但是一个孩子只能够表现出焦虑和无助的行为。家长们要自愿地带着理解的心态倾听他们的孩子在说什么。大人们对安全感的需要和孩子是一样的。我们常常表达出我们的情感，但是我们并不能理解为什么要这样做。

儿童心理学家告诉我们，当孩子还是婴儿时，就开始学习信任和不信任。譬如，当一个孩子在哭，妈妈敏锐的听觉告诉自己：孩子需要她。而婴儿敏锐的听力告诉自己临近的脚步声很熟悉，那个人能够喂他东西吃或给他换尿布。因此，孩子的需求就被满足了。

如果妈妈不对孩子的哭声做出回应或不能把孩子照顾得很舒适，孩子的不信任感会迅速上升。

通过下面的一些方法，家长们可以让孩子感到更有安全感。

1．准时开饭；

2．让他有时间和朋友们一起玩；

3．在固定的时间朗读诗歌给你的孩子听，可以在睡前时间；

4．提供陪孩子看电视的时间；

5．要准时，而不要让你的孩子等你；

6．每天花时间倾听你的孩子诉说；

7．要实现你给孩子的诺言；

8．总是用一些肯定的语气跟你的孩子讲话，例如说："我希望你在房间里活动。"而不要向他大声尖叫："不要出去。"

如果你想让你的孩子更有安全感，你需要使自己更具安全感。当父母按惯例行事时，孩子们就会更具安全感。比如父母每天按时回家，晚饭每天准时开饭等。

当你和别人说话时，试着积极正面地评价，因为正面的评价会令他人更具安全感。如果一个孩子有了安全感，他也将学会信任别人。

帮孩子创造和谐的校园生活

学校一出现在孩子的世界中，就对他产生了至关重要的影响。

在家中，孩子明显是一个依赖他人、受人爱护的家庭成员，但是在学校情况就完全不一样了。在学校，孩子是班级中一个相对独立的成员，为了被他人接纳和获得安全保障，必须自己努力去获得同龄伙伴和老师的认可。

大部分时间，孩子们都能够相当成功地实现两种生活之间的转变。这些孩子在情感上获得的支持、自尊以及从家庭生活中获得的对人类行为的深刻的了解，可以帮助他们在学校生活中实现其学业上和社交上的个人目标。

不过，如果孩子的家庭生活和学校生活不和谐，会对孩子的感情产生极具破坏性的影响。在学校出问题的孩子很容易在家里也出问题，反之亦然。被迫在这两种令人烦恼的生活中来来回回的孩子，无疑很容易变得焦虑、沮丧、心灰意冷、生气、恐惧和绝望。

比如，因家里的紧张气氛而感到不安的孩子，在学校上课的时候很容易分心。这会使他的学习变得一团糟，而这又会使孩子和父母之间的关系更为紧张。或者，这个孩子会在老师或者同龄伙伴面前发泄他对家庭成员的不满，而这会使孩子在学校出现行为问题，这些又是父母最终必须处理的。

两种生活之间令人烦恼的转变的另外一个例子，就是那些在学校碰上问题——或者在学业上或者在社交上——但是家庭生活相对比较快乐的孩子可能面临的困境。这个孩子可能有很长一段时间在父母面前隐瞒任何与学校有关的问题，这样会导致父母和孩子之间的距离会不断加大。这个孩子可能通过反抗、畏缩或者在家中总是不高兴——他在学校不会表现出来的反应——来对与学校有关的问题做出反应。

作为父母，必须尽一切努力保证孩子的家庭生活和学校生活是和谐的。这里有一些建议可以帮助父母们达到这个目标：

1. 鼓励孩子在家中谈论校园生活

每个星期，你都要选择一个安静的、孩子不太可能因其他事分心的时间，和孩子就学校的生活进行深入的谈话。

要注意孩子和你谈到过的特别的人名、事件和细节，这样在谈话时你就可以以提及他们作为开始。除了询问孩子的功课，还要问问他的同学、社会活动和老师的情况。

2. 激发孩子在学校所学的东西的兴趣

从已经让孩子感兴趣的东西着手，然后把它和学校的功课联系起来。比如，你可以把孩子对于电影的热爱变成阅读和他喜爱的电影有关的书籍的热情，或者你可以把孩子对于游戏的喜爱变成对于一般的研究挑战。

另外，寻找能把学校学到的知识实际应用于家庭活动的机会。比如，让孩子运用算术技巧按照食谱做菜。

3. 在孩子学校生活的重要转折点上尽力让家庭生活保持平静

比如学校生活的最初几个月，每个学年开始和结束，从小学毕业上初中，从初中毕业上高中，这些对于孩子来说是特别让他们紧张的时刻。在这些时期，家里要尽量避免出现重要的变化和问题。如果孩子的家庭生活保持平静，那么就可以帮助他更有效地处理他学校生活中的动荡。

4. 要对孩子的课程、学校和学校体制进行了解

父母不仅要知道孩子的学校生活如何，还需要确保自己有一个评价孩子是否在支持性的环境中受到高水平教育的可靠根据。父母要积极参加所有由学校发起的会议，或者由父母和教师组织实施的会议。同时，要了解孩子所在的学校和学校体制的情况。

从这些会议和老师的磋商中，了解孩子正在学些什么，了解老师是如何向孩子传授这些知识的。你还应该探究的问题包括老师的水平、教室和学校的课程安排、适合你孩子的教育选择。

5. 经常与孩子的老师商讨孩子在学业上、行为上和社交上的问题

如果你不了解孩子在学校的生活发生了什么，或者孩子在学校的生活可能掩饰了在家中的问题，那么立刻安排一次老师和家长的会面。实际上，你最好和孩子的老师至少每两个月磋商一次，即使没有发生什么特殊的问题。

在任何一次磋商中——无论是为了某个特殊的问题还是一般的"检查"，你都应该告诉老师，为了使孩子从学校生活中获益，你愿意做任何事。如果你和老师之间有重大的分歧，尽量平静地解决，即使这意味着要和学校的主要负责人协商。否则，你会使孩子处于尴尬的处境之中。

6. 可以协助孩子做家庭作业

给孩子安排一个做家庭作业的特定时间（比如说晚饭后一个小时），并要强迫孩子把这变成习惯，这还有助于培养孩子良好的学习习惯。你应

表现出对孩子的家庭作业很有兴趣，并且保证他做功课时能发挥他最大能力的空间。不过，如果你的孩子向你询问功课中的特定问题，你要让他独立地寻找答案，而不仅仅是向他提供答案。

7. 避免把孩子的分数和"惩罚奖赏"体系联系起来

你的孩子应该学会把学业上的成功看成是他自己得到的奖赏，把失败看作是他自己受到的惩罚。当孩子在学校表现相当好的时候，父母可以表示出快乐之情和偶尔庆祝一下。如果孩子在学校表现相当差，父母可以表现出关注之情，但同时应坚持要孩子把注意力更多地放在学校的功课上，要孩子把功课放在比其他活动更加优先的位置上。不过，尽量不要设置僵化的"奖赏和惩罚"措施。比如，分数高的话每个晚上就可以多看半个小时电视，分数低的话就少看半个小时。这种奖罚措施本身就很容易变成感情冲突的源泉。

第六章
坚决不做坏爸爸

现实生活中，很多爸爸选择的是追求自己的事业，为家庭创造更好的物质条件，教育孩子的任务主要交给妈妈来完成，但是爸爸身上所具备的勇敢、坚强、博大等优秀品质都是孩子所要学习的，所以爸爸是孩子成长过程中不可缺少的角色。爸爸要意识到自己在孩子成长过程中的意义，爸爸的责任不仅仅是要为孩子提供优越的物质条件，还要加强和孩子的交流，重视孩子的功课，参加孩子的家长会以及对孩子进行品德教育等。

孩子需要父亲的关注

在人类早期，父亲以战士和猎人的身份来保护自己的后代。经过十几个世纪，他的角色转为负担生计的人。他努力工作、自我牺牲，为了给孩子平安和保障，他赚钱买房子、付杂货账单和缴学费。

今天，我们觉得父亲的角色再次转变，他们被请求给予孩子另一层的保护——一种可以缓和孩子对破坏势力，如不良少年帮派、药物滥用等的冲击。科学告诉我们，人的惯性心理防御无法对抗这些危险，而今天，孩子的安全感很大程度上就是来自父亲的爱心。

如果父亲想使自己变得对孩子较敏感，父亲就要认真观察自己的孩子，并尽量多安排时间与孩子相处。对那些没有跟孩子住一块儿或者那些十分专注于自己工作的父亲而言，要空出时间给孩子是很困难的。随着孩子长大和改变，他们会失去与孩子的联系，并且可能会觉得要与孩子维持有意义的关系的难度也越来越大了。

研究显示，父亲在他的伴侣怀孕时参与进来，能帮助建立一连串正面的家庭互动，这对婚姻、小孩以及加强父亲与小孩的关系是有益的。

如果父亲在预产课表现活跃，比如，他学习如何成为一个实际的助产员，可以在整个生产的过程中，给伴侣加油。这样对母子都有正面的效果。

有一项研究发现，十分关注伴侣怀孕的父亲，一旦孩子诞生后，会经常抱孩子，而且在孩子哭喊时，更会去照料孩子。

一位研究员发现，婴儿在医院诞生后，如果父亲马上开始给孩子换尿布、洗澡及做其他照料，那父亲以后也可能会持续地做这些事——这些都使父亲与婴孩有面对面的机会学习双方的暗示，这也是培养父子关系的开始。

此外，父亲在孩子婴儿期养成的习惯会持续下去。假如父亲在早期就对婴儿照料，他可能会继续他的参与一直到孩子的儿童期和青春期。

这些发现给父亲的启示是，如果想和孩子有较好的关系，应该在妻子怀孕期和婴儿出生后头几个月就打下基础。不过，首次当爸爸要注意的是，婴儿的照料大多数是一种亲身体验，是一种尝试。由于父亲与婴儿的交流是双向的，新生儿很早就有机会开始向父亲学习。当孩子熟悉了父亲的脸、声音、走路的节奏、味道和父亲抱自己的方式后，孩子会将父亲的存在与母亲的存在作为一种慰藉与安全感。

一般情况下，母亲是哺养婴儿的主力，父亲在照料婴儿的事情上感到有一点点被忽略是很正常的。然而，还有其他许许多多让父亲提供基本养育的事项：用奶瓶饮水、喂副食品、喂挤压出的母乳、帮婴儿洗澡、换尿布、摇抱他们、逗他们开心等。当然，父亲永不该忘记在嬉戏时自己表现出性别上所具有的特质。国外有一位心理学家发现，婴儿喜欢模仿照料者脸部的表情。这表示当父亲与婴儿在进行面对面的对话时，也是促进他们良好关系的萌芽时期。

在国外，还有人提出了"父亲产假"的概念，即主张父亲要多与新生儿相处，建议父亲在这段孩子生命中最重要、最无法取代的最初几个星期里，尽可能争取最多的假期。

不管父亲与孩子共度了多少个夜晚和周末，如果这期间父亲只是躲避沟通、埋头工作或与孩子在电视机前发呆，就失去了任何意义。

有项研究对3组同年级的小学男生进行了比较，他们的父亲有的不在家，有的在家也易于接近，有的一些父亲在家但难于接近。审视所有组的男生的学业成绩，研究者发现父亲不在家的男孩成绩最糟糕，而父亲在家也易于接近的男孩成绩最优秀，至于父亲在家但难于接近的男孩成绩介于两者之间。研究员说："如果一个能干的父亲不能常常让孩子接近，或者父亲与男孩之间的关系不当的话，孩子智力的发展是得不到帮助的。"

（虽然女儿的学业与成绩似乎与父亲频繁的参与有关联，但很少针对女孩做这类研究。）

孩子需要父亲多少的参与与接近，不只是偶尔外出购物、去游乐场、去动物园。事实上，要父亲成为孩子生活中一部分的最好方法是参与心理学家罗纳德·利万特所谓的"家庭工作"，即孩子每日的喂食、洗澡、穿衣和养育。"透过执行这些传统女性的差事，男人才真正成为一个不可缺少的家庭成员。"利万特说，"家庭生活不只是提供家庭的物质需要，还包括那些时时刻刻永无终止、变化不定、每天身体与情感上的需求。"

如今许多男人的一生已经被社会化，每天都要有效率地一个目标接一个目标地完成，不游手好闲、不拖慢进度、不留下未完成的工作。男人在生活上与女性相比，善于解决问题和完成差事。那些在家里照顾学前儿童的男人可能会期望着可以做别的事，譬如与老朋友聚会、看球赛、缴税。假如照顾孩子需要许多的时间而使其他事情无法实现时，他们可能会失望，并缺乏耐心和同情心，而这不是他们想要的。

做一个成功的父亲不是要办妥事情却不顾孩子，而是要将脚步放缓、花时间与孩子依他们年纪的需要做一对一的交流。

随着孩子渐渐长大，他们有更多在家以外的活动，父亲可能愈难找到单独与孩子相处的时间。然而，不论孩子多大，他们与父亲一对一的交流都是颇重要的。因此教育专家极力主张父亲将自己的工作时间表调整成他们可以定期地与孩子有单独相处的时间：可能是每个周末送子女去上艺术课时在车内半个小时的对话，又或者父亲与孩子可以分享共同的兴趣或运动。有时候，这些最佳的对话是当家人分担做家务，如洗碗筷、叠晾干的衣物或做饭菜时发生的。

假如父亲熟知孩子生活圈里的人、事、物，包括他们的日常活动，朋友、老师和教练的名字，那么父子或父女的对话会比较容易起头。假如可以的话，父亲要花时间拜访孩子的学校、参加课堂开放日和夜间自习；毛遂自荐做孩子体育活动的教练或助理教练。

与此同时，作为父亲，还要尽量了解孩子的社交生活和他的朋友；结识他朋友的家长；自愿开车送孩子去派对、滑冰场；跟上他们谈话的潮流；倾听他们关心的事并参与他们的讨论。

家庭生活中充满无数的机会，只是看你是与孩子交流还是与他们疏远。在许多闲暇的时刻，由你来决定是要面对孩子还是远离他们。譬如你想看书时，发现自己十几岁孩子的房间内传出震耳欲聋的音乐声使你无法专心，你想请他把音量调低，你一开始可以说："我简直不敢相信你把这种鬼哭狼嚎当作音乐。"或者你可以说："我以前从未听过这种音乐，这是谁唱的呢？"第一句话是侮辱，而第二句话是一种邀请的口吻。一个连接你们之间差别的桥梁，让你保持参与他们生活的机会。

重视父亲的作用

父亲与孩子的关系有母亲所没有的独特性，也就是说父亲的介入会带动孩子其他能力的发展，尤其是人际关系方面。

有一项调查发现5个月大的男婴，如果与父亲有许多的接触，在被陌生的大人围绕时能感到安心舒适。比起那些很少与父亲接触的婴儿，他们不怕生、对陌生人会发出较多的声响，也比较愿意让他们抱。另一项研究发现1岁的婴儿，如果与父亲有较多的接触，当和陌生人单独相处时，他们的哭喊会比较少。

很多研究都表明，一般父亲是通过游戏来影响孩子的。很典型的，父亲与孩子相处时，不只花了大部分的时间在游戏、活动上，而且他们介入的游戏方式也比母亲提供的来得更刺激。父亲会与孩子有比较激烈的活动，包括举起及抛高孩子等。父亲常常虚构一些特殊少见的游戏，而母亲则是一成不变地继续玩可靠的游戏，如猜谜游戏、玩玩具、躲猫猫、跳房子和看书等。

许多心理学家认为，父亲这种刺激风格的"玩闹"，为孩子提供了一个学习情绪的重要途径。想象父亲是一只"可怕的大灰熊"，在后院里追捕一个开心的小孩，或者孩子要"坐飞机"就将孩子高举在头顶旋转。这种游戏让孩子体验到一点儿害怕，但同时又好玩又刺激。孩子为了要获得正面的体验，学会留意父亲的暗示并对之做出反应。比如，他发现尖叫及咯咯的笑会让父亲开怀大笑，因而延长游戏的时间；他也留意到暂停游戏的指示可以从刺激中恢复到平静。

当孩子探索玩伴的世界时，这些技巧对他就很有用。父亲与他疯癫的玩法，让他知道当情绪激昂时，如何阅读其他人的暗示；他知道自己如何去创造好玩的游戏，对别人的反应不会太安静也不会过于喧闹；他知道为了使游戏充满趣味，该如何将自己的情绪保持在一个最理想的状态中。

一项研究发现，那些与父亲进行最激烈的身体游戏的小孩在同辈中是最受欢迎的。不过，这项研究透露出一个有趣而重要的条件：与父亲进行激烈身体游戏的孩子，只有当他的父亲与他们玩的方式是非指导性和非强制性的，他们才是受欢迎的。与孩子进行激烈的身体游戏但同时也十分跋扈的父亲，他们的孩子在同辈中，却被列为最不受欢迎的。

不少研究结果都显示：如果孩子的父亲维持正面的互动关系，并允许孩子参与和支配游戏，这些孩子似乎拥有最优秀的社交技巧。

生活中，那些拥有良好同辈关系及成绩的孩子，他们的父亲都会称赞他们的成就。这些父亲是情绪教练，不忽视也不反对孩子负面的情绪，而是在他们处理负面情绪时给予指导。

比如，在父亲教孩子玩电动游戏的活动中，父亲会鼓励孩子，提供恰当的指示而不做强制的行为。这类父亲常常利用孩子每一次的成功来证明他能力渐增。这些父亲常对孩子说"干得好"或"我知道你做得到"，他们的赞美让孩子有信心继续学习下去。

而那些在学业与社交关系上遭遇最多困难的孩子，他们的父亲是冷淡而权威的，损伤人格并强制他人。在电动游戏的活动中，这些父亲可能对孩子有侮辱的言辞，并由于他们犯错而批评他们。当游戏进行得不是很顺利时，他们可能也会接管，让孩子有一种自己无能的感觉。

这些父亲的孩子最有可能惹麻烦。他们对待朋友时表现出好侵略的行为，在学校也是问题多多，他们是那些与青少年犯罪及少年暴力有关的问题孩子。

比起母亲来，一般父亲在孩子身上所花的时间都比较少，但是国外有不少研究结果都显示，母亲的特质对于孩子日后在学校以及朋友关系的成败上，并没有很鲜明的预示。这项发现无疑是令人惊讶的。专家认为，父亲对孩子会有这么深远的影响，原因是父亲与孩子之间的关系唤起了孩子许多强有力的情绪。

好爸爸会相信孩子

生活中，一些自以为有预见能力的爸爸终日把"不是那块料"挂在嘴边，一个聪明、可爱的孩子很可能就会被这"咒语"毁掉。

心理学家的千百次的实验与观察发现：未成年的小孩子对自己的看法完全取决于周围人的评价，特别是一家之主——爸爸的评价，哪怕是一句话，或者是一个眼神，都会对孩子产生终生的影响。小孩子会在无意识中按照爸爸的评价调整自己的行为。

有的爸爸不是从孩子的一言一行中寻找自己的管教问题，而是一味抱怨子女这不好那也不行，对子女进行百害而无一益的摧残，把一个活泼可爱、朝气蓬勃的孩子，变成了没有志气、没有理想、自暴自弃、平平庸庸地度过一生的人。在这种环境中的孩童，更谈不上创造力的发展。

有这样一位爸爸，他是位高级知识分子，还从事教育工作。他有一个儿子，非常聪明、可爱、活泼。可是这位爸爸有个致命的弱点——怎么也不相信自己的孩子有潜在的能力，稍不随他之意，孩子就要经受打、骂、训。更要命的是他没完没了地唠叨他的孩子"天生不是成才的料"，结果弄得孩子失去了信心。柔嫩的心灵抵不过世俗的"咒语"，孩子最终成为了一个庸才。

从此，他更像个得胜的预言家，每日摇头晃脑，口中仍是振振有词："说对了吧！我早就说过，他不行！"似乎，只要心安理得认为"早有预见"，一切责任就都归于孩子了。

心理学家的研究表明：这类父亲之所以认为自己的孩子"不是那块料"，实际上是自己没有识才的眼光与水平。自卑的爸爸都望子成才，由于不懂，甚至不相信自己能育子成才，因此就用"不是那块料"的恶棒，把自己与子女都毁掉了。要知道，即使是很美的荆山之玉，也需要识别、雕琢。

一个人能力的高低，主要依靠自己刻苦努力的程度和在具体知识掌握上所花的时间与精力。只要能像锥子一样集中在一点上，坚持不懈地努力，就一定能成才。鲁迅之所以能成为一代文豪，按他自己的话说就是："把别人喝咖啡的时间都用来学习了。"

好爸爸同时也是伯乐

"飞机祖师"莱特俩兄弟孩提时代就对宇宙空间产生了浓厚的兴趣，每当看到夜空中高悬的圆月就想用手去摸一摸。于是他们常爬到树枝上踮起脚尖儿去摸月亮，结果好几次都重重地摔了下来。

当他们的爸爸知道这件事后，不但没有斥责他们，相反却启发和鼓励他们，希望他们将来制造一只大鸟，骑上它到天上摘下月亮。父亲的话给了小兄弟俩莫大的鼓舞，他们对太空的探索欲和兴趣更浓了。从此以后，一种"腾空摘月"的理想便在他们幼小的心灵里萌发了。他们渴望着早一天制造出这种"神鸟"，骑着它去摘那又大又圆又亮的月亮。正是儿时萌生的天方夜谭般的神话奇想，引导着他们走上了航空科学的道路。

1903年，在俩兄弟的刻苦钻研下，闻名于世的首架飞机研制成功，他们真的驾驶着自己制造的飞机翱翔于广阔的天空。

由此我们不难看出，兴趣是一种动力。它对一个人所从事的活动起着支持、推动和促进作用。如果儿童对某件事物有了兴趣，他就会展开丰富的联想，并持之以恒地去接触它、探求它。他不仅会热情地投入到这项活动中去，还会最大限度地发掘创造之潜能。

再之，兴趣作为一种动力还为未来活动做好了准备。比如儿童时期他对绘画产生浓厚的兴趣，为后来成为画家做准备；儿童喜欢拆卸、装配玩

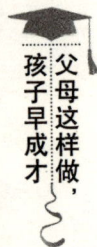

具，这往往为他未来从事物理学研究做准备。之前提到的莱特兄弟早期对太空的痴迷，不正为他们后来成为"飞机祖师"做准备吗？

因此，善于发现孩子独特的兴趣爱好，对于他们智慧的引导和发掘就显得尤为重要了。

现在，让我们设想一下，如果我们是莱特兄弟的家长，我们会怎样对孩子说？可能我们会说："太荒谬了，月亮在天上，怎么可能摸得着？"可能我们会说："傻孩子，摔疼了吧。人在地球上怎么可能飞到月亮上去呢？"可能我们还会认为孩子太顽皮，无法无天，狠狠地批评一顿，从此绝了孩子奇怪的念头。

如果是这样的话，我们岂不扼杀了伟大的天才？尽管我们是无意的。然而不得不承认，我们常常以太多的无意扼杀了孩子们太多的创造欲。因此，我们不得不叹服莱特兄弟的家长的伟大，也不得不深刻反省自己：自己是伯乐吗？

好爸爸会教孩子看动画片

孩子们都很喜欢看动画片，而动画片大多以拟人手法来讲述动物们的故事。动画片中的许多动物都被传统文化赋予了善与恶的品质，如凶狠的大灰狼、狡猾的狐狸、善良胆小的小白兔、勤劳勇敢的小蜜蜂、偷东西的老鼠、爱欺负人的老虎、热心助人的大象、机灵可爱的小山羊等。但事实上，这些善恶并不存在，是人类强加在动物身上的。

动画片中出现了许多与我们传统的文化习惯不一样的动物形象。如《狮子王》中善良宽厚的白狼妈妈；《蓝皮鼠大脸猫》中老鼠和猫的和平共处，团结互助；《舒克和贝塔》中老鼠与人（主要指皮皮鲁）成为了亲密的朋友……

儿童的知识和生活经验有限，往往容易接受电视里的新鲜事物。当这种新事物与他所了解的事实不符时，他就自然会提出类似"为什么猫和老鼠一块玩"的问题。

爸爸回答这类问题的原则是：

告诉孩子动画片或童话是叔叔阿姨们为他们编的故事。有许多时候，生活中的动物和动画片里的动物是不一样的。

告诉孩子关于动物的真实的知识。如这类动物的繁衍、在何处生长、与人类的关系等。

告诉孩子在地球上，我们和动物共同生存，保护动物是我们保护环境、维护生态平衡的一部分。

这样给孩子解释，孩子基本上就可以明白动画片中的动物与现实生活中的区别了，同时还可以学到很多知识，明白保护动物的重要性。在这个基础上，孩子的思维还可以得到进一步的扩展，跳出许多人为的小框框。

让孩子在错误中得到学习机会

古人云："人非圣贤，孰能无过，知过能改，善莫大焉。"我们甚

至经常在行动之后才知道结果是错的。我们应该有勇气面对不完美，也只有从错误中，才能得到真正的学习和成长。如果我们正确引导孩子尽量减少犯错的次数，他们将永远有学习的勇气。一次的犯错并不能否定下次的成功。

爸爸走到工作室取工具，当他看到工作室乱七八糟时，真是怒火中烧。他的飞机模型被丢在台上，工具也到处都是。飞机模型、工作台和所有工具的表面都被喷上一层薄薄的喷漆，喷漆枪则歪倒在地上。

这肯定是明明那小子干的"好事"，爸爸想。爸爸很生气地大喊儿子过来。明明来到爸爸面前时，爸爸不禁大吼："你看，你干的好事，你就不能保持整洁吗？谁叫你到我的工作室来，又搞得一团糟？为什么所有的工具都喷上了漆！你到底想干什么？你说啊！"明明被吓得说不出话来了。

明明终于大哭出声来："爸爸，我本来只要喷我的模型，我不知道喷枪的力量这么大，竟然喷得到处都是漆，我不知道该怎么办。"

"当时为什么不告诉我呢？非要等到我发现？"

明明怯怯地说："我怕你会生气。"

"我当然生气！你知道自己做错了，还想逃避，我一定要给你点儿颜色看看。"

爸爸生气是难免的。这些工具被喷上喷漆仍然可以使用。但是爸爸一生气，不但听不到明明的心声，也不能解除明明的困扰。而且，爸爸一生气更加剧了明明心中的恐惧，也让明明不敢向他求援。对明明的处罚并不能使工作室变得整齐、有条理，更不能教导明明学习使用喷枪的方法。

那么爸爸应该采取什么态度呢？

爸爸生气之前应该弄清楚，明明并不是故意将工作室搞得到处是喷漆。只要稍为留心观察，爸爸应该知道到底是怎么一回事。爸爸可以利用这个机会给明明上一课，明明自己走到爸爸的工作室就表明他有学习的勇气。

下面是爸爸改变态度的另一种情况：

爸爸叫明明到工作室来。"爸爸知道你在这里玩耍时不太顺利。来，告诉爸爸，到底怎么回事？"

明明显得有点儿困窘地回答说："我本来想将模型喷上漆，结果没想到喷枪的威力竟然这样强。"

"现在你知道喷漆和油漆不同了吧？"

"哦！我当然知道了。"爸爸的可亲让明明松了一口气。

"下次你会使用喷漆了吗？"

明明想了一下："我想我可以垫在报纸上喷。"

爸爸则建议："你也可以将模型放在纸箱里，再从其中一个开口处来喷。"

"对，这样便不会喷得到处都是漆。"

"你看这些喷了漆的工具怎么办呢？"

"我不知道，不过虽然喷上了漆，还可以使用就是了，对吗？"

"如果你用完这些工具使它们立刻归位，你猜会怎样？"

"如果归位，就不至于都沾上漆了。"于是明明记住了用完东西归位可以避免其他麻烦。

"你有没有想到这些工具该怎么办呢？"

"我想我们可以用松节油来擦。"

第六章 坚决不做坏爸爸

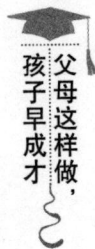

"松节油擦不掉这些干掉了的油漆。"

"那还可以用什么来擦呢？"

"我想，榔头、手把部分的油漆可以保留，但是金属部分可以用钢丝绒来擦拭。好，我现在就来试试看。"

明明这回很乐意地找出清洁所用的工具。明明也从错误中得到了学习机会。

好爸爸要关注孩子的心理健康

高原的爸爸特别重视对孩子的教育培养。他深知智力开发的重要，从小就开始向孩子灌输加减乘除、天文地理，甚至3岁就开始教孩子解方程。小高原玩游戏、娱乐以及与小朋友玩耍的大部分时间都被剥夺了。由于爸爸怕高原与"野"孩子在一起玩会学坏，所以高原的大部分时间是在家里待着。

功夫不负有心人，上学后高原的成绩的确不错，但他与同学不和，以自我为中心，做事刻板，缺乏想象力和创造力。后来，由于学习内容的复杂，成绩排名受到了冲击，因此，高原常烦躁不安。

有一次高原受到批评后逃学了一天，爸爸得知后，大发脾气，狠狠打了高原。

高原受到打击，渐渐变了，开始与坏孩子混在一起。有一次，高原偷了家里的一笔钱跑出去与一帮小兄弟们玩了几天，最后因在街头寻衅滋事，被街道治安员逮了个正着，遣送回家。

爸爸不理解，为何他的苦心培养竟得了个这样的结果。

其实，原因很简单，高原的爸爸只知道开发孩子的智力，忽视了孩子的心理需要。

在孩子上学前，开发智力固然重要，但他们最渴望的是能与小朋友们在一起玩耍、做游戏。在与小朋友的交往中，他们学会了怎样与人相处，怎样尊重别人的情感；而丰富多彩的活动更能激发儿童的创造力和想象力。

上学后面临成绩下降的失落，高原此时最需要的是爸爸的安慰与鼓励，但爸爸不但不仔细寻找原因，反而对高原大发脾气，刺伤了高原的自尊心，使高原形成了破罐子破摔的心理。

儿童产生心理障碍的罪魁祸首就是错误的教养方式。

对此，作为爸爸，你应该首先分析一下目前你在家庭中采用的是什么样的教育方式，你和孩子的关系怎样，你的孩子有没有出现什么心理问题。如确实存在以上提到的情况，应该及时加以调整。必要的话可到心理门诊去咨询，接受检查和指导，做到防患于未然。

其次就要采用正确的教养方式，形成一种民主型的亲子关系。在家庭中，爸爸和子女关系要和睦，遇事协商解决。孩子遇到困难愿意与爸爸讲，爸爸要关心孩子的心理需求。一家人经常开玩笑，交流思想，或一起外出游玩，爸爸既是孩子的家长又是朋友。这样，彼此都互相了解，有话不用闷在心里，孩子的正常要求都能得到爸爸的理解与支持，这才是一种正常的亲子关系，有利于培养孩子健全的人格和良好的心理素质。广大父母应该努力创设这种和谐的亲子关系，让孩子健康成长。

好爸爸善于在笑声中教育孩子

约翰娜是德国的一个著名记者。她的成才缘于她有一位性格开朗的爸爸。她的爸爸不但面容慈祥，而且心胸宽广、言谈诙谐。他常常有意识地给约翰娜营造充满笑声的成长环境。用约翰娜自己的话来讲，她的爸爸是一个"彻悟教子之道的雕塑家"。

有一次，约翰娜在外公家不小心碰倒了放在桌子上的一个杯子，杯子摔到地上碎了。

外公气呼呼地向她冲来，爸爸却把她挡在了身后，对外公笑着说："这只杯子在桌子上寂寞了，想跳个舞，结果不小心跌在了地上。"

这话把外公也逗乐了。约翰娜暗暗在心中记住了两个字：小心。夏夜，约翰娜看着缕缕上升的盘香烟雾想：蚊子为啥怕蚊香烟熏呢，人为啥不怕？她问爸爸，爸爸反问道："你长没长眼睫毛呀？"

"长了。"

"这可恶的蚊子没长，所以怕烟熏。"爸爸说。

就这样，爸爸在笑声中打开了约翰娜的想象和联想的翅膀，使她一直身心健康地成长。长大后，约翰娜成了一名不畏艰难、思维敏捷、性格开格的记者。

美国儿童心理学家经过数年研究发现，注重培养孩子快乐的性格，有利于孩子的健康成长。

"对我们少发点儿脾气，多一点儿笑。"这可以说是孩子们的共同心声。他们对精神生活、心灵需要比物质条件、经济生活的要求更强，他们希望有个充满亲密和谐、宽容民主、活泼快乐的家庭。他们讨厌那种气氛沉闷、感情淡漠、专横紧张、嘈杂烦躁的家庭环境。

家长们要有意识地为孩子创造良好的家庭环境，形成一种愉快的氛围，让孩子在乐中学习，乐中益智，依其自然赋予的素质，发挥那金子般的灵气，是家庭优教的一个重要环节。

在培养孩子快乐的性格中，家长，尤其是爸爸，起着重要的作用。现在很多家庭还是传统的严父慈母的家庭模式，不苟言笑、严肃深沉是很多爸爸的典型形象，如果爸爸用微笑对待人生，能使孩子得到非常好的愉快教育。因此，爸爸在日常生活中应当放宽胸怀，乐观处世，笑对人生，让孩子快乐成长，轻松成长。

好爸爸让孩子自己做主

如果爸爸希望教导孩子做明智的抉择，爸爸就必须给孩子自己选择的机会，必要时还应该给孩子犯错的机会。孩子很容易从体验中学习，却很难从爸爸的教训中学习。

鞋店里的店员拿了几双鞋子让益华来试穿。爸爸说："益华，挑挑，看你喜欢哪一双。"

深蓝色那一双看起来还不错，但是益华却很渴望地说："我喜欢白色的鞋子，爸。"

店员帮他试穿，他很喜欢。

"但是，深蓝色这一双比较实用，白色容易脏，你不是经常踢球吗？白色的鞋穿几回就脏兮兮的了，你真要白色这一双吗？"

"真的，爸。"他边说还边试着新鞋在镜子前摆姿势。

"来，再试一试这双深蓝色的。"益华试着深蓝色这双也在镜子前看一看。

于是爸爸对店员说："请拿这双深蓝色的。"

"不，爸，我要这双白色的。"

"益华，白色这双不实用，你很快就不喜欢了。来，我们买蓝色这双。"

益华无可奈何地接受爸爸的决定。

爸爸先告诉益华：他可以自己选择，然后却又自己做决定，甚至叫益华同意他的意见。爸爸既没有坚持立场，又没有遵守诺言。

益华将爸爸视为不给他自主权的"大老板"，他从没有自己做决定的机会，当然不了解他所选择的东西是否实用。如果爸爸能够遵守诺言，让他的儿子买白色的鞋子，益华终会发现白色的鞋穿过几次后，就不好看了，而且很难弄回到原来的样子，但是他又必须等白色鞋子穿坏才能再买，每天感受到自己错误的选择，下次再碰到这个问题时，他一定会慎重考虑。这样，爸爸便是成功的辅导老师而不是一个严厉的老板。

好爸爸会为孩子讲故事

有位爸爸说："我的孩子很喜欢看动画片和卡通漫画，但对文字稍多的图书就不怎么喜欢了，像他这样只看图不认字，这样下去可不好啊。"那么，爸爸该怎样做才能吸引孩子多看图书呢？从小培养孩子喜欢看文字的图书，是帮助他们在求学的漫长道路上迈开的重要一步。

图文并茂的儿童故事书可以通过图片吸引孩子去看书，带动孩子看一些文字，然后孩子可以渐渐地看文字更多的图书。

儿童故事书对孩子具有教育意义，具体可以从两方面入手：

首先，爸爸适宜在轻松愉快的气氛下指导孩子认字，图文需互相对照，字词则以有意义的组合为单位，例如"小狗""猫儿"要连在一起让孩子去认字，若分开，意义会支离破碎。为了加深孩子的印象，可将图像和字词联系起来，以方便记忆。

其次，帮助孩子了解故事的情节，归纳意义。

爸爸为儿童选择故事时，应要求故事书达到"满足儿童好奇需要"和"顺应儿童的兴趣"两个要求，留意儿童感兴趣的8种元素：

1. 生动的

2. 幽默的

3. 情节变化曲折离奇的

4．动物的（儿童喜欢以动物特性为主的描述，因为他们心理上觉得万物都是有生命的）

5．侠义的（英雄豪杰）

6．亲切而熟悉的

7．对话式的

8．结局出人意料的

多让儿童看一些有正面形象、侠义之道的故事，对儿童道德发展大有裨益。

爸爸与孩子共同读故事，这是教育儿童的重要方法，因为爸爸在读的过程中可以引导儿童理解细节，发挥想象，可探究和认识他们的内心世界，使得他们的智育和德育并进。很多孩子养成了睡前听故事的习惯，爸爸最好每天为孩子说一些幽默、温馨的故事，一方面满足孩子的好奇，一方面助于孩子入睡。

好爸爸会培养孩子看书的兴趣

很多爸爸都懂得"书籍是人类进步的阶梯"的道理，所以他们总是希望自己的孩子从小就爱看书。常言道：言传身教，事必躬亲。如果爸爸想要培养一个爱看书的孩子，爸爸自己就得先爱看书，这样才能让孩子认识到书的价值，孩子也才能感受看书的乐趣，神游于书中无际的童话世界或精神领域内。孩子如果还很小，有一个办法可以帮助孩子产生看书的兴趣——念书给他听。这有助于使孩子对书有更多的了解。

教育专家蒙台梭利提醒爸爸，让念书成为睡前惯例，让孩子在爸爸的柔声细语中进入梦乡是最温馨的方式（但不要让孩子形成只有睡前才要念书的观念）。另一位教育学者布斯教授主张让孩子了解任何时刻都是念书的好时机，如果时间允许，爸爸尽可能地在其他时间也为孩子们朗读书本。

抑扬顿挫、有节奏、有韵律的念书方式最受孩子的欢迎。在念书的同时，让孩子实际地参与更能提升孩子读书的乐趣与成就感。例如当爸爸念到大灰狼追三只小猪的情节时，爸爸可以问："大灰狼有没有抓到小猪啊？"或是"大灰狼想抓什么？"

为孩子提供各种各样的书籍是爸爸的责任。一本孩子耳熟能详、熟记于心的书，会为孩子的阅读能力奠定了良好的基础。陪孩子念书是很有趣味的事情，因此当爸爸念孩子心爱的故事时，可以故意地省略一个句子或一小段情节，给孩子一个提醒你的机会，从而加强孩子记忆书本的能力。

我们常看到街上有爸爸带着孩子一起念着广告标语或者商品广告，其实这是培养孩子阅读习惯的重要方式之一。因为实际的参与感最能引起孩子的兴趣，当爸爸与子女共同地建立起随环境不同而读出文字或故事的默契时，爸爸就可以慢慢地将自己的读书方式融入孩子的读书模式中。

形成良好的习惯要靠长年累月的培养和注意，由于读书的习惯对人终身受益，爸爸应为之付出巨大的努力。

第六章 坚决不做坏爸爸

227

好爸爸会保护孩子的好奇心

有一次，我国著名的教育家陶行知的一位朋友来找他，告诉他一件自以为很痛心的事：他的孩子在玩耍中，调皮地把他的金表拆坏了。

"您怎么处理这件事的呢？"陶行知正埋头在实验室里做实验，听说后扶了扶自己的眼镜，边问边站了起来。

朋友答道："我把孩子痛打了一顿，他认错了！"说这话的时候，他有点儿得意。

陶行知听罢此言，不禁一拍桌子，大声说道："恐怕中国的爱迪生被你枪毙掉了！"

朋友被陶行知的惊人之语吓呆了，直挺挺地站在那里，一时不知说什么好。

过了一会儿，等朋友平静下来后，陶行知建议他说："不过，补救的办法还是有的，请你把孩子和金表一块送到钟表铺去，修表师傅要多少钱就给多少钱，附带条件是让孩子在旁边看如何修理。这样，修表铺成了课堂，修表匠成了先生，孩子成了学生，修理费成了学费，孩子的好奇心也可以得到满足了。你说呢？"

朋友这才明白过来，飞一般跑回自己家中找孩子去了。

这个故事告诉我们，要保护孩子的好奇心，让他们在好奇的驱使下学会创造。

在此我们提出以下几个可参考意见：

1. 学会容忍孩子的"坏"行为

若孩子把纸张剪成碎片，抛向空中时，不要怪责他把地板弄脏。你可反问他这样做是什么意思。他可能会告诉你，这些是天空飘下的雪片，或神仙撒下的灰尘！

2. 设置一个创意区域

在家中的某一个角落，开辟出一个地方，让孩子可以无拘无束地、尽情发挥他的创意。若你怕孩子弄脏地板，可以在地上铺上报纸或垫子。当你不再管制孩子的行为时，孩子才会感到特别畅快。

3. 轮流分配工作

在相互交替的工作中，你和你的孩子便会发挥合作的精神，同时让他明白施与受的道理，而且无论定下什么目标，都要付诸行动，这样目标才可完成。

4. 学会愉快地停止游戏

当玩到差不多时间的时候，切勿突然地宣布停止游戏及收拾东西，你可以对他说："这些游戏很有趣，但现在有其他东西要做，让我们明天再玩吧。"约定下次继续的时间，孩子才会乐意接受你的建议。

5. 培养孩子的组织能力

在叫孩子收拾东西前，花一些时间和他讨论要做的事情，甚至可以让他发表一下意见，例如所有球类要放在同一个箱子内，而绒毛玩具则要放进衣柜。在长期的锻炼中，孩子会自觉地养成好习惯，组织能力也会得到提高。

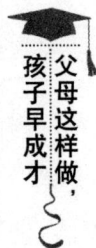

好爸爸会和孩子一起计划生活

制订一个你和孩子能一起去做的事情的进程计划，比如为小狗建一间小屋，做一个飞机模型，钉一个鸟笼等。孩子也许还想修理一下你的旧汽车或重新装饰一下自己的居室，让你们各自满意。

所有这些安排和活动，都可以加强学校的基础教育：

1. 正确衡量

2. 阅读并根据说明指导去做

3. 制订并执行资金预算

4. 按因果联系或优先原则而划分任务

5. 将某一任务分成几个小任务

这些计划和安排都有助于唤起孩子的想象力，培养孩子的合作精神，促进孩子各种感官的协调配合等。

让你的孩子遵循这样一个原则：自始至终地完成一件事情。要让孩子学会自尊、自信，也让孩子懂得听取他人意见的重要性。

做一件你和孩子都想去干的事情，也尽力找到一件需要你们共同努力与挑战的工作。

有一个家庭决定建一座消夏度假的房子，他们花了5年时间才完成，而且每个家庭成员都发挥了自己的作用，最后建成的房子被每个家庭成员珍视为"家外之家"。

有位爸爸和儿子想将他们家一辆老而旧的汽车改头换面，他们花了无数个小时一起工作。爸爸预想着有一天他的儿子能把它作为自己的车去驾驶。

通过完成类似的活动，父亲和孩子得到了交流，共同解决问题，将某一技能代代相传。这些都是一些重要的、极有价值的学习机会。

好爸爸懂得培养孩子的承受挫折能力

在中国某个公园，一位爸爸带着一个活泼可爱的小孩在玩耍，孩子突然脚下一个踉跄摔倒了，孩子趴在地上哇哇大哭，爸爸很心疼，立即上前抱起孩子，费了九牛二虎之力才把孩子哄好。

在美国的某个小花园中，杰克正在和小伙伴们玩，他们你追我赶，打打闹闹，他的爸爸在一旁看得津津有味。奔跑中杰克不小心被旁边的石头绊倒了，脚上流血了，疼得直掉眼泪。而做爸爸的只是走过去看了一下伤口，然后轻轻地拍了一下杰克的头，让他继续玩。

以上两组画面形成了鲜明的对比。中国有一首歌唱得好："不经历风雨，怎能见彩虹。"幼儿期是个体个性形成的关键期，有意识地让幼儿受点儿"苦和累"，让孩子品尝一点儿生活的磨难，让孩子懂得人生的道路是坎坷的，培养他们吃苦耐劳的精神，培养他们独立意识和应付困难的勇气，使孩子具有应付困难的心理承受能力，是十分必要的。

家长是孩子的首任教师，对幼儿个性的形成起着非常重要的作用。

当孩子在生活和学习中遇到困难时，爸爸要教育孩子克服依赖思想，鼓励孩子独立面对困难。只有当孩子充分地感受到挫折带来的痛苦时，他们才会考虑如何解决问题、克服困难。若这个过程经常得到强化，孩子就会在挫折情境中由被动转为主动，从而战胜困难。

幼儿的抽象思维还不成熟，接受能力受到一定的限制，因此切忌把挫折教育视为知识的灌输孩子，这样不但不会产生好的教育效果，还往往会使孩子产生逆反心理。

教会孩子面对挫折、战胜挫折，并非一朝一夕的事情，关键是要顺其自然，顺应孩子的发展规律。在生活中潜移默化地培养孩子的承受挫折的能力，让孩子明白生活有顺有逆，有苦有乐，让孩子认识挫折，从而学会战胜挫折的本领。要给孩子一个心理准备，也要给自己一个准备，因为毕竟是自己的孩子，看到他受苦，爸爸心里也不是滋味。但是，这是个必经的过程，不可以省略。

一般来说孩子承受挫折的能力需要培养。最好的方法是让孩子参与到各种活动中，体验生活，经历挫折。正如美国教育家杜威指出的"教育即生活"，爸爸必须把教育与孩子眼前的生活融合为"从做中学"。

苏格拉底对待打破玻璃的孩子的做法是：让犯错误的孩子独自待在房子中，让其体验寒冷，体验孤独，使其发现自己的错误，继而改正。挫折教育也是让孩子在体验中学会克服困难，战胜挫折。

在孩子经历挫折的同时，爸爸应及时给予鼓励或肯定性的评价，以增强孩子克服困难的勇气。同时也应做好引导工作，帮孩子分析受挫折的原因，使孩子在经历挫折时，能主动对待挫折，在挫折的磨炼中造就自己坚强的性格。孩子的耐挫折能力正是随着这些知识经验的积累和各种能力的提高而增强的。

正确指导孩子解决争端

幼儿园下午的游戏时间到了，孩子们蜂拥着冲向活动场，多数孩子的目标是那几辆电动小摩托车。有几个身手敏捷的孩子很快就跃上了车，启程了。只留下两个小男孩盯着同一辆车互不相让，他们争吵起来："我先到的，我先到的！""不对，应该我先玩！"他们你一句我一句叫嚷着，没有个结果……最后，其中一个孩子忍不住了，伸出手就抓了一下对方的脸！而就在被打的孩子忍不住大哭起来的时候，他则带着胜利的喜悦，昂首跨上了"坐骑"，飞驰而去。

这种争执每天在幼儿园都会发生。而孩子总是哭着找旁边的大人"评理"，寻求帮助。而大人往往会十分干脆地把架劝开了事。这样做，矛盾是解决了，但效果却没能让孩子们自己找到解决冲突的办法。

之所以要让孩子上幼儿园，让他接受知识是一个目的，其实最重要的是要培养他社会交往能力。孩子独特的思维方式决定了他们必将通过不断的冲突来形成他们之间的游戏规则。不懂规则的孩子只有在这种冲突与争吵中一次次切身体会到自己的行为是不受大家欢迎和认可的，他才能够自觉地调整行为，提高社会交往能力。

因此在孩子们发生争执的时候，爸爸无须扮演"消防队员"的角色，赶着去灭火，爸爸完全可以对着孩子说："你的问题应该自己解决，你为什么不去找他谈谈呢？"

这时，谈什么，怎么谈，这是爸爸应该给予的必要指导。

首先家长应该引导孩子说出真实情况，因为只有了解争吵是如何发生的，才能找出正确的解决方法，这个时候的问话不应带个人情绪，比如问些："是他先动手的吗？"这很容易使孩子对真实情况的记忆有一些偏差。

在了解情况之后，爸爸和孩子就可以一起分析为什么会发生争吵。爸爸一定要让孩子明白即便是大人之间也难免会有矛盾产生，最重要的是要依靠自己的力量去分析问题和解决矛盾。

接下来，爸爸就可以启发孩子："如果这次爸爸不帮忙，你准备怎么解决？"你不妨耐心来听听孩子说他的方案，然后对他的方案进行有针对性的分析和指导。如果是自己的孩子做错了，则要鼓励他勇敢地向小朋友道歉；而如果是对方不对，那就应该鼓励孩子去跟他讲道理。不能让孩子采取退让方法，或者限制他与同伴交往。这种做法看上去好像是保护了孩子，不让他受欺负，其实是害了孩子，很难培养孩子独立勇敢的品质。

拒做"粗暴爸爸"

生活中，有些爸爸对待孩子采取粗暴的专制管教形式，事事都要过问和干涉，从吃喝拉撒睡到学习、交往等生活的各个方面，一心一意希望自己的孩子越"温顺"、越听话越好。其实这样过分的管教恰恰害了子女。

粗暴是人格修养不成熟、不完善的表现，也是不文明的表现。谁都不会喜欢专制的领导或者同伴，子女对专制的爸爸同样也反感，尽管表面上可能表现得"唯命是从"。

粗暴行为在处理人际关系中，历来得不到好结果，解决孩子的问题亦如此。用这种方式去解决问题往往把好事弄成坏事，成事不足，败事有余。不少爸爸事后也后悔莫及，但由于未下大决心改掉这种毛病，再遇事依然故我，"旧病"复发。弄得孩子见爸爸如同老鼠见猫，把很有潜质的性格都吓没了。

有的爸爸的粗暴不仅表现在训骂上，还动不动就施之以棍棒。脾气倔强的孩子，宁肯被粗暴的爸爸打死，也一声不吭，不愿屈服于爸爸的不合情理的要求。而这种行为很可能进一步激怒、性格暴躁的爸爸，随之而来的是更狠的毒打。

有知识有修养的爸爸应该明白，粗暴的态度、压制的办法比孩子的犯错要严重得多，也令人痛心得多。

教子主要是通过不同的形式和内容，启迪和教育孩子的上进心，让孩子自然健康地发展。粗暴地强迫孩子做事情，效果不会很好。

孔子曾说："鞭扑之子，不从父之教。"意思是被鞭子打过的孩子，不会听从爸爸的教导。"棍棒之下未必出孝子"，专横只能招致反感，与美好的愿望背道而驰。

所以，奉劝那些对待子女采取粗暴态度的爸爸们，为了你的孩子的健康成长，请你痛下决心，改掉自己动辄发火的脾气，真诚地对待孩子。孩子也有自己的思想和行为方式，在他自己的事情上他有说话和做决定的权利。

当然这并非意味着孩子凡事都不听爸爸的意见，而是说做爸爸的应该根据实际情况考虑孩子的想法，合理的就赞同，不合理的应耐心指导改进，并以理说服孩子，做孩子成长路上的知心朋友。

第七章
妈妈的教子心经

有人说，推动世界的手，是摇着摇篮的手。一个家庭，哪怕家徒四壁，只要有一个正直、勤劳、善良、乐观的母亲，这样的家庭就是孩子心灵成长的圣殿和源泉。所以，照顾和教育孩子成了母亲的一项重要责任。而孩子在童年这段时期，心理、智力和品德发展时时刻刻受到母亲的影响，母亲对孩子的影响，犹如一股永不间断的力量，将持续孩子的一生。

好妈妈要避免过度保护孩子

家长不能保护孩子一辈子。孩子必须要有独自面对生活的勇气和能力。家长过度保护孩子会使孩子永远地依赖家长，或是引起孩子的叛逆心理。

著名教育专家苏霍姆林斯基说过："假若孩子在实际生活中确认，他的任性要求都能得到满足，他的不听话并未遭到任何不愉快的后果，那么他就渐渐习惯于顽皮、任性、捣乱、不听话，之后就慢慢认为这是理所当然的。"

"灿灿，灿灿。"妈妈站在门口喊10岁的儿子。儿子正在街口玩得很起劲，所以妈妈喊了半天他都没有回答，她只好走到儿子身边："灿灿，你该加件毛线衣吧？今天早上天气有点儿凉。"

"妈，不用，我不冷。"

"嗯，我想你最好加一件毛衣，或者我帮你拿。"妈妈回到屋里，拿了一件毛衣，又回到他身边，帮他套上。

这个对儿子过度保护的妈妈很权威地替灿灿决定他身体什么时候冷、什么时候热。灿灿选择接受了她的决定，这样至少让妈妈不停地关注他。其实妈妈没有必要这么照顾他。妈妈认为他需要加一件毛衣，而他却表现得无动于衷，这时妈妈只能帮他回去拿。妈妈并没有发觉儿子这种潜在的

心态，还以为掌握了一切。

妈妈想保护孩子避免让他们受到伤害，是很正常的心态，但是妈妈做得过头了，对孩子过度保护，这则是一个危险的讯号。

妈妈不可能保护孩子一辈子，而且也不该如此。妈妈应该训练自己的孩子，使其有勇气和力量面对生活。妈妈这种过度保护孩子的行为，使其永远依赖别人。

妈妈这种过度关心的做法使孩子永远保持对自己的依赖，因此妈妈在孩子心目中便可以扮演保护者的角色，使孩子永远听话。

妈妈不相信自己有能力解决自己所有的问题。因此，她更不相信小孩有能力照顾自己。

小孩子对妈妈这种过度保护的行为所采取的态度视其目的而定。最危险的反应便是显得完全无助。由于小孩子对自己的能力无法完全肯定，因此一再产生挫折感，很可能完全放弃努力，而期望永远受到保护，孩子基本上是消极面对生活上的困难。

不可袒护孩子的错误行为

欢欢在妈妈刚刚整理、种植过的花圃里到处乱跑。妈妈说："欢欢，不要在花园里淘气了。"可他还是自顾自地在刚撒下种子的花床上到处乱跑，好像没听到妈妈的话。

"欢欢，离开花园。你会把花床糟蹋坏的。"他还是不管妈妈的喊叫，到处乱跑。妈妈对他叫了六七次，他还是不停地一直跑到疲累了才松一口气，然后跑到树荫下休息。妈妈看一看他，又继续做自己的事。

过了几天，欢欢竟跑到邻居刚撒上种子的花床上乱跑。他甚至故意在上面乱踏。被发现后，邻居的伯伯一把抓起他的手，将他拉到花园外并进行了指责："小鬼，你不准再踏进这个门。"

这时，欢欢的妈妈走过来，问："他有没有弄坏了你什么东西？"

邻居的伯伯气愤地回答："当然有。"

"真抱歉，他太小了，不知道这里不能来，我保证以后他一定不会再犯了。"

邻居的伯伯还没有完全平静下来又继续说："希望你好好管管他，叫他最好不要再来这里。"

欢欢终于忍不住大哭起来。妈妈心疼地安慰他并把他抱起来："乖乖，别哭！"欢欢趴在妈妈肩上啜泣，妈妈一面走回自己的花园，一面安抚欢欢，嘴里还嘀咕邻居伯伯做得太过分了。

欢欢的确被妈妈宠坏了，他总是为所欲为，这样心里才不会有失落感。可以说欢欢很霸道，他高兴怎么做就怎么做，谁也阻止不了他——至少口头的责备对他起不了作用。妈妈喊了好几遍叫他不要踏花床，他却好像没听见一样。因为妈妈根本没有采取行动，只是嘴巴说说而已，所以他还是一再地我行我素。

相反的，邻居的老伯伯一句话也不说，只是采取行动，一把将欢欢揪出花园，而且斥责他。然而欢欢的妈妈却认为欢欢受到批评而立刻给予不当的安慰和同情。事实上，她的儿子如果真的行为不当而惹怒别人，或遭到斥责，她理所当然要让他对自己行为负责，而不应该袒护他，给予不当的同情。妈妈的袒护无疑助长了欢欢霸道的心理，他很可能错误地认为自己不仅在家里可以为所欲为，而且在外面一样可以任意而为，因为妈妈会保护他。但是欢欢的霸道行为在社会上任何地方都是行不通的。

如果想帮助子女避免误入歧途，妈妈必须先纠正自己表达爱子女的错误的观念，然后采取行动而不要只是说说而已。

如果妈妈将正在破坏花园的欢欢硬拉进屋里，欢欢一定会对妈妈的这种行为留有印象。妈妈不需要对他错误的行为多做解释，要让他自己明白，不应该在新撒种子的花床上乱跑。

因为欢欢一向霸道，所以妈妈这种新的管教方式可能会引起他激烈的反抗。如果他又去踏花园，妈妈可以将他拉进屋里，对他说："你只有守规矩，才可以再出去玩。"只要他不听话，妈妈就把他带回屋里。

但是妈妈的态度必须保持温和，冷静地坚持自己的原则，这样便不至于造成权力之争。欢欢终会了解妈妈所坚持的原则，而且会进而尊重妈妈的行动。

溺爱对孩子的成长不利

日本动画片《聪明的一休》中，有一个令人难忘的情节：一休的母亲为了磨炼一休，让他当和尚，独立生活。有一次，小一休跌倒了，石头碰破了他的腿，母亲离他只有几步之遥，一休将手伸给了母亲，看母亲无动于衷，只说了一句："用手撑一下，自己爬起来。"

一休的母亲让一休明白了一个道理：跌倒了得自己爬起来。

在我国，许多家长都有这样一种心理：为了孩子，自己再苦再累也心甘情愿。殊不知，这种"代办"式的溺爱只会害了孩子。试想，事事都对父母抱着依赖心理的孩子会成为一个人才吗？

日本家长们非常注重孩子这方面的教育。一对日本夫妻有一个5岁的宝贝女儿善美。

一次，善美淘气地追逐着一只红蜻蜓，谁知被一块小石子绊了一下，顿时失去重心，"扑通"一声摔倒在地上。

"呜哇……"善美疼得大哭起来。在一旁的中国邻居也是一位母亲，她想上前搀扶孩子，谁知却被善美的妈妈一把拽住了。

"善美，不许哭，自己站起来！"这位妈妈对着女儿大声嚷道。见女儿仍然哭泣着不肯起来，她再次怒喝一声："不许哭，站起来！"

这位年轻妈妈神态严肃，与往常笑眯眯的样子判若两人。中国邻居惊异地望着这位"狠心肠"的妈妈，感到很不可思议。

善美终于止住了哭声，一双大眼睛委屈地望着母亲，自己慢慢地爬了起来。

妈妈这时才一把抱起女儿："我的宝贝，真乖，听妈妈的话，摔倒了自己站起来，将来一定是个好孩子。"

善美懂事地搂住妈妈的脖子奶声奶气地说："妈妈，我听你的话，再也不哭了。"然后瘸着小腿一拐一拐地又去玩耍了。

善美妈妈的这种做法使这位中国邻居的心灵受到一种极大的震撼。她不由得想到了自己的儿子，6岁的儿子从小跟着爷爷奶奶，爷爷奶奶疼孙子，搂在怀里怕摔着，含在嘴里怕化了，6岁了，出门还总得让爷爷或奶奶牵着手走……

儿童时期是正规教育的预备阶段，对儿童，做妈妈的应该给予一定的保护和关怀，但决不能溺爱，尤其是在一个家庭只有一个孩子的今天。每一位做妈妈的，都应该让孩子从小就懂得，他们和妈妈一样是作为一个独立的人而存在的，应该从小培养自己解决问题的能力，而不是处处依赖别人。

许多国家都十分注重儿童这方面的教育。在奥地利的公共汽车上，人们只为老人让座，从不为孩子让座。溺爱孩子，只会害了孩子。真正爱孩子的妈妈，放开孩子的臂膀吧，自由的小鸟要比禁锢在笼里的小鸟飞得更高、更远。

每一个孩子都会跌倒，但一次次跌倒后自己爬起来，就会站得更稳。

让孩子吃点儿"苦"

比起中国的妈妈们，美国的妈妈似乎要"狠心"一点儿。

有这样一个场景：圣诞节的前两天，北风呼啸，雪花飘飞，寒气彻骨。雪地里站着一位母亲，穿得厚厚实实的，在她的前面放着一辆婴儿车。母亲一会儿推着车走走，一会儿又停下来跺跺脚、搓搓手。车里的婴儿才出生三四个月，眼睛瞪得圆圆的，脑袋左顾右盼的，小手上下拍动，脸蛋冻得发红，嘴中发出"咿咿呀呀"的声音。旁边路过的人关心地问："孩子这么小，不怕冻坏他？"母亲报以甜甜的微笑："没事，多让孩子接触大自然，对他有好处的！"

这是另一个场景：一周岁的小彼特在爬沙发的扶手，扶手很难爬的，而且爬上去也很危险，爸爸妈妈都在为他担心。小彼特好不容易爬上了扶手，刚想站起来，突然脚下一滑，一下子头朝下跌倒在铺有地毯的地板上，疼得他"嗷嗷"地哭叫。妈妈走过去，没有去扶，只是鼓励他要勇敢，要自己站起来，并鼓励他继续爬沙发。

当然两位妈妈的做法对于不少父母是难以接受的，但它的确给我们的家长带来了一些思考，仅有望子成龙之心，而无望子成龙的教育，良好的愿望是难以实现的。作为父母，应大胆地放下"保护伞"，让孩子自由、健康地发展，在大自然中成长，多让孩子体验必要的挫折，经历失败，吃到"苦头"。

作为父母应该意识到，让孩子陷入你们所营造的感情旋涡，对孩子的发展是极为不利的，对孩子的成长应理性地对待。正如一位家长说的那样：我的孩子从上幼儿园开始，我就让他学着自己吃饭，自己穿衣服，虽然有时候饭会撒一桌子，衣服会穿得一塌糊涂，但我们确确实实感觉到他在长大。孩子自己能够做的事情，家长应放手让他们去做。

孩子面对挫折是很困惑的，他们害怕挫折，害怕失败。著名心理学家马斯洛说，挫折未必总是坏的，关键在于对挫折的态度。挫折教育的终极目的是孩子在经历挫折的过程中培养孩子独立的意识和坚忍不拔的品质。这一品质将使他受益终生。

在挫折教育中，如果我们一味地让孩子经历挫折，而不注重在孩子经受挫折时，恰到好处地进行引导，常会使孩子产生比较消极的情绪和抵触心理。

　　一个5岁女孩的母亲总结自己教育女儿的经验："我的女儿同其他的孩子一样，遇到不如意、不顺心的事，也会抱怨。但我总是尽量地引导她。如，在比较拥挤的车厢里，她总在抱怨'脚酸'。我就问她：'那怎么办？'让她有机会把不满发泄出来，这样她的心情自然也会好起来。接着，我劝她坚持一下，跟妈妈安静勇敢地站着。然后，拍拍她的肩膀，搂住她，很快她也就停止了埋怨。"

　　"挫折教育"说白了就是使孩子不仅能从别人或外界的给予中得到幸福，而且能从内心深处激发出一种寻找幸福的本能。这样在任何挫折面前才能泰然处之，永远乐观。

　　值得注意的是，重视培养孩子经受挫折的能力是对的，通过这种教养方式进行培养也是可行的。但是，具体情况要具体分析。不要看见美国人看到孩子摔跤不扶起来，也让自己的孩子摔跤，结果孩子摔得鼻青脸肿，还说是挫折教育。如果不管孩子年龄大小、身体强弱，也不管孩子跌倒后是否摔伤以及受伤的程度等，主张"绝对"不能去扶，就过于简单了。

　　如果孩子摔得不重，毫发未伤，看样子能够自己爬起来，家长就没有必要去扶他，而应该鼓励孩子自己爬起来。这样做，不仅可以培养孩子经受挫折的能力，也会增强孩子的自信心，使孩子的意志更加坚强。假如孩子正处于蹒跚学步的时候，年龄小、身体弱，或是摔得很猛、很重，家长也不伸手扶助，就有点儿残忍了。

　　在孩子需要帮助的时候，没有人去热情地帮助他，他会感到人与人之间太冷酷无情。孩子是弱者，他们需要成年人的关心、爱护，成年人也应负有这种责任。

不做"包办妈妈"

孩子们能自己做的事，就让他们自己去做，千万别替他们去做。这是一个很重要的准则，需要反复强调。

海涛的爸爸去世了，妈妈就更加疼爱海涛了。海涛4岁了，妈妈还是整天喂他吃饭，给他穿衣穿鞋。妈妈终于送海涛去幼儿园了。老师告诉海涛的妈妈，海涛不会自己吃饭，不会自己扣扣子，也不会穿鞋。和他同龄的孩子做这些小事却做得很好。相比之下，海涛显得手忙脚乱。老师告诉海涛的妈妈，应让他自己学习去做这些事情，因为4岁的孩子应该学会穿鞋戴帽。可妈妈说："我喜欢海涛，他现在是我的一切，我宁愿为他做出更多的牺牲。"

海涛的妈妈应该认识到她这样做对孩子的发展是有害的。实际上，她认为她是一位好妈妈，她把自己的一切都贡献给了儿子。过分的爱和给予引起很多负效应。

海涛可能感到只要妈妈帮他做所有的事情，为他服务，他就在妈妈心中占一定位置。他可以什么事情都不干，不想或者不学习做任何事情，只需自己玩耍。而有一天妈妈不再这样照顾他，他便会有失落感。妈妈这样的无私行为实际上是自私的，因为她忽略了儿子本身成长的发展需要。

等海涛长大之后上了学，妈妈如果还是一如既往地替他做事情，海涛

这也不会做，那也不愿学，更使他感到自己不如别人，或者会认为自己是一个无能的人，没有勇气和同学们在一起。他将面临着一个陌生的世界。

我们要是替孩子们做他们自己能做的事，那就等于在告诉孩子们，我们比他们强，比他们灵活，比他们有经验，比他们重要。我们不断地显示我们的伟大及他们的渺小。如此教育，成长中的孩子会变得畏畏缩缩，缺乏勇气与能力。

该放手时要放手

有一则寓言，有人问鹰："你为什么要到高空中去教育你的孩子呢？"

鹰回答说："如果我贴着地面去教育它们，那它们长大了，又怎么会有勇气搏击长空，接近太阳呢？"

是的，温室中培育不出茁壮的花朵，相信孩子吧，他们可能会遇到挫折，可能会失败，但他们终究会成功的。放一放手吧，让孩子在广阔的天空中自由飞翔，在风雨中茁壮成长吧！

一位母亲讲了这样一个故事：她的儿子华华已经5岁了，由于是独生子，所以家里人都非常疼爱他，几乎没放手让他自己做过什么事情。最近，她决定开始锻炼一下华华。为此，她几乎做了3个月的准备。每次领华华上街或散步时，她都不厌其烦地把可能在路上遇到的各种情况讲解给华华，该怎样走路，怎样过马路，怎样买东西，甚至有困难找警察叔叔等。

一天傍晚，天下着小雨，她正在厨房做饭，爱人还没下班，忽然发现没盐了，她灵机一动，机会来了。于是她在厨房喊："华华，帮妈妈买包盐好吗？妈妈走不开。"

"好的，妈妈！"华华痛快地答应。于是妈妈给了华华5元钱和一把雨伞。等华华走出去了一会儿，她也关了火，拿了一把伞，悄悄跟在华华身后向商店走去。

商店离家大约有一里路。只见华华撑着伞，两条小腿稳稳地，慢慢地向前迈着。他一直在路右边人行道上走着，看见来了机动车就停下来看一下是否要避让，等车子过去了再走，遇到路面有积水就绕一下，看见迎面来了人还把伞侧一下免得伞碰到别人。

华华进了商店，先收好伞，然后向里走。隔着玻璃窗，母亲模模糊糊地看到华华在柜台前使劲地把钱递给售货员，还向售货员说着什么，拿了找回的零钱装好，然后拿着那包盐，在商店门口打开伞，迎着雨往回走。

在旁边看到这一切的妈妈激动万分，儿子华华终于在完全没有依靠父母的情况下成功地独立地完成了一件事，这也标志着华华在人生道路上又前进了一大步！

小鹰终究是要离开妈妈的怀抱独自搏击天空的，所以疼爱孩子的妈妈们还是及早锻炼自己的孩子吧。

第七章 妈妈的教子心经

好妈妈要避免过度敏感

妈妈和7岁的吴湘在公园野餐时正巧碰到她的朋友。妈妈向她的朋友介绍吴湘时，吴湘咬着手指，身体紧贴在妈妈身边。

"吴湘，来，不要怕羞羞。"妈妈一面拉着吴湘，一面转身对她的朋友说，"不知道她为什么特别怕生，家里其他孩子都不这样。"妈妈说完以后吴湘显得更畏缩了。

妈妈的朋友蹲下身来友好地接近吴湘。但吴湘还是绷着脸，不敢把眼睛抬起来注视她。

因为吴湘害羞的行为本身隐藏着一个目的，妈妈一味地告诉她不要怕羞，这对她根本起不了作用。如果大家关注她这种缺点，反而会使这种缺点越来越严重。吴湘也认同自己是家里唯一会"害羞"的孩子，这正是她和其他孩子不同的地方。如果我们找出她怕羞的原因，我们便能了解她的目的就是希望借这种行为来引起别人的关注。别人为消除她的怕羞而亲近她，她便如愿地成为别人注意的焦点。害羞的表现既然可以使她的心里得到补偿，她何必改变这种行为呢？

如果吴湘的怕羞行为得不到如期的关注，她便没有必要继续怕羞。因此，妈妈可以得意地向朋友介绍她，但态度上必须很谨慎。如果她对妈妈的介绍没有反应，妈妈也不必管她，可以继续和朋友谈话。妈妈应该尽量不将吴湘的怕羞放在心上。如果朋友不解地说："她好像很怕羞哦？"妈妈可以回答："还好，她现在大概不想说话，等一会儿就好了。"

如果想帮助孩子克服行为缺陷，我们必须先找出他的行为目的，然后很自然地漠视它，自然地做自己该做的事，千万不要过度敏感或紧张地采取行动。

对孩子的小状况不可过度紧张

妈妈带6岁的康康去逛商场。康康总是落在妈妈后面，因为他在每个橱窗前都要停下来看到满意为止。当妈妈停下来买东西时，康康就到处乱走，所以妈妈要花一大半的时间来看他。结果他还是走失了，妈妈非常着急。找到他后，妈妈还是惊魂未定地说："康康，你真是要把我吓死了！从现在开始不要离开我身边，我不希望你再走失了。"康康不明白地瞪着大眼睛望着妈妈。

康康只是在和妈妈玩捉迷藏，他一定觉得看着妈妈着急的样子很有趣。康康是不会走失的，他很清楚妈妈在哪里。

其实妈妈没必要太紧张康康会走失，她可以花点儿时间来训练康康。他们可以真的玩一场捉迷藏游戏。如果妈妈发现康康没有在身边，她可以冷静地不让康康看到她。当康康知道妈妈不会来找他时，他就会回到原来离开妈妈的地方。知道妈妈不见了，他一定会开始担心并自己去寻找。妈妈可以继续不让他看见直到他真的紧张。然后妈妈可以悄悄地故意让孩子看见她，不过最好假装正要去买东西。当康康哭着奔过来时，妈妈不要太在意他受到的惊吓，淡淡地说："妈妈也找不到你。"每次出去逛街时，只要孩子到处乱跑，妈妈就可以尝试这种方法，孩子一定会随时跟在妈妈身边。

的确，家长根本无须过度关心和担心你的孩子，否则，会使他将你的担心作为吸引你的注意力和挑起权利争执的工具。

仔细想想，你会惊讶地发现你竟然担心孩子这么多的事情，担心他们养成坏习惯，担心他们有不良的想法，担心他们的道德观念，担心他们的健康，担心他们会发生什么不幸。你激励，甚至逼迫他们要在学校有良好表现，甚至为了让他们取得好成绩，督促他们去参加"有益"的活动。你已不知道他们的任何想法，好像自己的孩子天生有多坏，一定要你随时跟在身边督促其学好。你总是处心积虑地想要走进孩子的生活。

其实，如果你能够放松心情，相信自己的孩子，留给他们一片自己的天空，这才是真的关爱他们。

这种过度关心错误观念的产生是由于你真的不知道该怎么做。总之，你不需要"关照"所有的事，甚至鸡毛蒜皮的小事。如果你保持轻松的态度，很多问题都会迎刃而解。苛求完美只会白费心机，你永远无法成功的。

好妈妈要勇于向孩子道歉

孩子有了错，家长总要批评他，要求他改正；但是家长有了错呢？如果你认为向孩子道歉会影响你在孩子心中的形象或因为怕丢面子而不肯认错，就大错特错了。因为错了而不认错，才恰恰会影响你在孩子心目中的形象。

一天，有位妈妈在给女儿洗她的玩具唐老鸭的时候，一不小心，把唐老鸭的玻璃眼睛弄掉了一个。这是女儿在3岁生日时她姑姑送给她的生日礼物，孩子视若珍宝。女儿看到后大哭。

假如这位妈妈对此毫不在意，反倒责怪孩子小气，那么势必会影响她与孩子的感情，妨碍与孩子思想的沟通。好在这位妈妈意识到了这一点，及时向女儿道歉请求原谅，并向女儿说："宝宝乖，是妈妈不好，咱们一起帮唐老鸭把眼睛治好，好不好？"女儿听后非常高兴。

唐老鸭被晾干后，妈妈和女儿一起用胶水把唐老鸭的眼睛端端正正地粘在了原来的位置。女儿非常感动，她搂着妈妈的脖子说："你真是我的好妈妈。"从此后，女儿也懂得了爱护东西，犯了错误后，也很容易接受批评了。

家庭生活总是由许多小而具体的事构成。当我们在教育孩子的时候，孩子也在教育着我们。

只有让孩子信服的言行，才能起到教育的效果。

避免对孩子的不当同情

父母不当的同情会给孩子带来伤害。不要太心疼孩子，应帮助孩子建立信心和勇气，使他们能面对和承受各种困难和挫折。

李好正兴奋地期待他的8岁生日的来临，因为他计划当天要去野餐，到牧场去骑马。这对长久生活在都市里的人而言的确是非常新鲜的活动。他一共邀请了20个客人，其中，有两家要提供交通工具。随着生日的接近，李好和他的小朋友也愈来愈兴奋。

生日当天，李好一起床，就发现天空布满乌云。他不安地跑去找妈妈："不会下雨，对不对？如果下雨，我们还是要去，对不对，对不对？"

妈妈知道下雨的可能性很大，可是又担心儿子会很失望。他们当然可以改期，但是改期就不是他的生日了，所以今天这个安排对孩子显然很重要。她只好安慰他："我想等一下太阳就出来了。儿子，我们等一下好了。"

李好根本吃不下早餐，只是不时地看窗外。中午时，天空就开始下毛毛细雨，过一会儿下起了倾盆大雨。最后李好只好取消生日聚会。

李好很伤心地哭了，妈妈看了好心疼，孩子一定失望透了，于是她轻轻拍了拍他的肩膀安慰道："好孩子，妈妈知道你的感受，妈妈也好难过。只要妈妈有办法，一定阻止天空下雨，但是，我也没办法。我们明天还是可以去啊！牧场的人也答应了。"

"但是明天又不是我的生日，今天才是，我要今天聚会。"

"我知道，可是下雨啊！"

"为什么偏偏在我生日的这天下雨，太不公平了！"

"乖乖，不要哭，我真的没办法叫天空不要下雨啊！"

儿子还是久久不能平静。妈妈看儿子哭得这么伤心，也急得快哭出来了。

其实李好不需要伤心那么久。小孩子对大人的态度，是非常敏感的，即使他们并没有明显地表露出来。因此，如果我们同情或心疼孩子，他们就会认为自己也应该自怜，因而变得更伤心，更难过，不去面对现实，只会使他们愈依赖别人来安慰和同情自己。久而久之，他们总会认为别人永远亏欠他们似的。

如果妈妈认为李好无法承受失望的痛苦，她就是不尊重自己的孩子，认为他懦弱，没有能力面对生活。她的态度也会造成孩子错误的观念。

如果我们不是错误地同情孩子，他们会学习面对和承受失望的痛苦。

妈妈要是真的不希望看到孩子因失望而伤心，就应该一开始就注意自己的态度。她可以坦然地告诉孩子，生日聚会可能因下雨而受阻，然后和他讨论将计划延期，或改变庆祝方式。妈妈这种顺应天气而做的调整一定能很快得到孩子的同意，而不至于使他因失望而太伤心。儿子生日的当天下雨当然会令他失望，妈妈可以尽可能采用这种应变的方式来帮他减轻沮丧，如果不适当地同情，只会适得其反。

不适当的同情所造成的只能是伤害。

事实上，除了常规的关心与保护孩子之外，妈妈还应该学着关爱和鼓励孩子以克服困难为荣，而不是一味地同情他们。

好妈妈要掌握"回答"的技巧

具有强烈的好奇心，是孩子的天性，如何对待孩子的好奇心，将影响到孩子的积极性，所以即使孩子所提出的问题毫无意义，妈妈也不能忽视。妈妈应该掌握回答问题的技巧，当孩子提出问题时，妈妈首先要给予提示，让孩子自己去找出问题的答案，而不是直接把答案告诉孩子。

对于低年级孩子提出的简单问题，除了直接告诉他答案之外，没有其他办法。但是采取何种方式来告诉他，妈妈是可以选择的。例如：孩子问2乘以2是多少时，不要很快地回答说是"4"。可以把2根火柴棒拿给孩子，自己也拿2根，然后告诉孩子说："你看妈妈手里共有多少根火柴棒？……对了，是4根。因为我们各拿2根，所以是4根，这就是2乘以2的结果。"在孩子知道答案后，妈妈还应该让这种方法使问题更形象、具体、生动，这样就很容易使孩子对学习产生兴趣，将他们的好奇心引导至另一个阶段。

到了高年级，孩子提出的疑问也许连妈妈都无法回答。此时，妈妈可以与孩子一起探讨，共同找资料，在遇到孩子和妈妈都不能立刻解决的问题时，妈妈可以建议说："百科全书也许会有记载，我们一起去查查看吧。"然后进一步说："也许在教科书中就能找到解答方法。"日后孩子遇到问题，就会自行查资料找寻答案了。

妈妈如果对孩子的问题没有耐心，或者根本不去理会，孩子的好奇心便会慢慢消失。由于日常生活中的许多问题都可以发展成为学习目标，所以妈妈应该尽量满足孩子的好奇心。

好妈妈要注意讲话的口吻

　　姐姐文艺正和小伙伴们在编玩具项链。妈妈抱着一岁多的弟弟文强过来并交代说："文艺，帮妈妈照顾弟弟一下，我要去接爸爸回来。"

　　"哎呀！妈，他会把我们的东西弄得乱七八糟！你怎么老是叫我照顾他呢？"

　　"这像什么话，不用多说了，我叫你照顾，你就得照顾。"接着妈妈转身走了，文艺一转身看见文强已经爬到那些晶亮的项链旁边。文艺一面喊，一面把他拉开，然后递了一只玩具给他。文强随手就甩开它，又很快爬去抓编项链的亮片材料。

　　不久后，妈妈一回到家就发现文强正在大声哭叫，文艺则在一旁吼着。她无奈地说："你就不能好好地照顾他十几分钟吗？"

　　这里，妈妈的语气语调及仓促的交代引起文艺的不满和反感。如果她仔细地想一想，她应该可以预料这种情况。家长讲话的声调和态度也是赢得孩子合作的重要因素。

　　总而言之，小孩子不甘心接受家长所交代事情的原因，有可能是时机不对，如前面文艺的例子，或者是因为小孩子讨厌事情的本身。碰到这

种情形时，我们往往容易提高音调，加强语气，希望能压制孩子的反对心理，结果情况往往变得更糟。

妈妈和5岁的思思准备开车到车站接爸爸回家。外面气温很低，但是思思却将车窗摇下来。

妈妈说："思思，你把车窗摇上去，我们就出发。"思思还是坐着不动，妈妈也不吭声地坐着等。

于是思思说："你发动车子，我就把窗户摇上去。"妈妈一句话也不说，还是坐着等。

思思又说："好吧！你把车钥匙插进去，我就把窗户摇上来。"妈妈还是一句话不说地坐着等。思思最后只好将窗户摇上来。

妈妈发动车子，对思思微笑，然后说："雪中的阳光不是很美吗？晶光闪烁，好似无数闪亮的钻石。"

在这个例子中，妈妈没有使用命令的口吻："还不快把窗户摇上来！"这样可以避免引起彼此的权力竞争。她不急不缓地坚定自己的立场是必要的。当思思还想要赌一赌运气时，她以静制动地只是等待。最后当思思只好放弃时，妈妈便以微笑来赞美她，并很友善地转移她的注意力。思思很快表现出合作的态度，这表明她已经尊重妈妈的坚定立场。

好妈妈该坚持的就要坚持

有时候家长并不是想命令孩子，但在某些事情上你要坚守权威。这可能会使孩子恼怒，但他又会有规则可循，不会无所适从，他也不用自我摸索。实际上，有些孩子甚至喜欢有些压力。你儿子可能很想留在棒球队，但因害怕而无法继续下去。当他上场时，可能只是要掩饰他想好好表现，但又害怕失败的深层欲望。

妈妈已经决定让4岁的帅帅学看书。帅帅很喜欢书，且他最好的朋友已经认得很多字了。

妈妈抱他坐下，向他建议说："坐这儿，帅帅，我们来看这本书。"

他开心地回答："好。"丝毫未察觉有项任务在等着他。"哦！是本新书！"他叫着。

当然，他说对了，那是一本专供初学者阅读的书。

妈妈愉快地说："你看，这是本有关小狗的书，看到没有？"边说边指着"狗"这个字。

帅帅点点头，仔细地盯着那页。这让妈妈很高兴，她继续说："还有这个词，是'苹果'。"

帅帅好奇地抬头看着妈妈说："妈妈，我不喜欢你教我认字，我喜欢你读给我听……"

妈妈立刻变得紧张，回答说："帅帅，你不喜欢阅读吗？"

"不喜欢。"他诚实地答道，用手"啪"的一声打在书上，"我不喜欢这本书！"

"但是，小乖乖，如果你学会看书，会有很多……"

帅帅开始焦虑不安。"我要去玩别的东西。"他从妈妈的膝上溜下，喃喃地说。

妈妈看着，开始担心了。"如果他还没准备好，就坚持要他读书，那可能会让他对书失去兴趣。"妈妈对自己说道。

帅帅可能尚未准备好读书，但很多跟他同龄的孩子早就开始了，也许跟其他孩子一起的话，会有较好的学习效果。"以他所知的方式，让他徜徉于书中，不是比较好吗？"妈妈自问。

帅帅的朋友都已经会读书了，于是妈妈很快选出一本他喜爱的书并举起来说："好！说故事时间！要我念你最喜爱的书吗？你现在不用学看书了。以后再学吧！"然后妈妈微微一笑。

帅帅小心地抬起头，看着书，很高兴地爬上妈妈的膝盖。"你来说故事。"他说，仿佛要确定母子之间相互了解的关系。

从坚持认知事物的观点来看，妈妈已给孩子上了重要的一课，任何值得尝试的事都代表挑战，如果每遇到困境就逃避的话，就将会一事无成。

好妈妈轻松应对孩子的"泪水炮弹"

阿兵是个6岁的小男孩，有一个星期天，他自己一个人站在角落哭，妈妈又哄又骗地叫他停止哭泣："如果你再哭，我就把你一个人留在这里。"

结果阿兵不但没有停止哭泣，而且还故意哭很大声。

"再哭，我真的走了。"

阿兵尖叫，跟着妈妈走向门口。妈妈很快地溜到门后，但一听到阿兵尖锐的哭声后便又推门进来了。

"好，阿兵，不准再哭了。"

后来妈妈真的离开了，阿兵也不哭了，但是阿兵还是站在角落里。不久之后，这个小男孩便又和同伴们打成一片。

面对这种哭闹的孩子，妈妈总是不知所措，只会口头斥责孩子，制止他的哭闹，最后甚至变成恐吓的语气。她的目的似乎只是想使他停止哭闹，而不想真正地使他摆脱困扰。其实哭通常只是孩子发射的"泪水炮弹"。遇到这种情况，妈妈不必过于介意，先可做冷处理，如果孩子发现他发射的"泪水炮弹"无效，他自然会平息下来。

对孩子进行金钱教育

理财是每一个人必须学会的生活技能。当妈妈给孩子零用钱的时候，也要同时把该如何花钱、省钱以及攒钱的方法告诉孩子。这是妈妈应该教给孩子的，也是孩子应该学会的。下面是有关专家给妈妈提供的一些参考意见。

教给孩子如何用一种简单的方法记录父母所给的钱、孩子省下的钱与所花的钱，他们在每个星期的周末要看看自己是如何花掉零用钱的。

教给孩子如何比较一下各个商店的价格，以更好的价格买到自己喜欢的东西。孩子长到10岁时，可以给他开一个支票户头，教他如何填写支票，每个月如何平衡自己账户上的数额。这是一种真正教孩子学会简单的经济原则的生活方式。

在银行以孩子的姓名开一个储蓄户头，他将十分高兴地看到自己储蓄数额越来越多，并且利息也随之增加，鼓励孩子为了购买自己喜欢的某一特别东西而进行积蓄——也许是一辆自行车、滑雪板等。也可以让孩子为自己的将来而积蓄，如上大学的学费、暑期出国计划、一次专门的野营等。

每过一个月，让孩子分类统计一下他一个月内所花的零用钱，每一项上花费了多少元，占多大比例。由此可以看出他在哪些花钱习惯上需要进一步改进。帮助孩子学会在适当的情况下慷慨地拿出自己的一部分零用钱。与孩子谈谈一些非盈利的组织机构，建议孩子至少将10%的零用钱用于这方面。

当孩子年满16岁以后，可以用他的名字建一个信用卡，教他守信用的重要性，引导他如何使用信用卡，并有所节制地用钱。

把经济与金钱作为你们谈话内容的一部分。告诉孩子你投资的去向及其原因，解释为什么选择对其他人做出投资的原因。与孩子谈谈国际国内的经济问题。

在你们纳税时，向孩子讲讲有关纳税方面的知识。如果孩子获得了一份业余的工作需要纳税时，给他填写税单的机会，即使他不需完整地填写表格。

当孩子开始在业余时间中挣钱时，教给他如何做出收支预算与计划，如决定自己一月内该捐多少钱、省多少钱、花多少钱。

总的来说，要教育孩子学会有责任而诚实地用钱，及时清付账单，保证开支不超过自己的收入。

好妈妈善于鼓励孩子

鼓励便是不断地灌输孩子自重和自主的观念，而且从襁褓开始就应有这样的意识。

姐弟俩拿着成绩单回家，弟弟悄悄地走进房间，兴高采烈地走到妈妈身边说："妈妈，你看，我全部科目都得优秀。"

妈妈看看成绩单，很高兴，然后问："你姐姐呢？我要看她的成绩单。"

弟弟耸耸肩得意地说："她没有及格。"

妈妈看到女儿便问她："你的成绩单呢？"她慢腾腾地回答："在我的房间里。"

"你的成绩怎么样？"

女儿没有回答，只是看着地板。

"你大概又是不及格吧？你真丢脸，弟弟都得优秀，你怎么不学学弟弟呢？你总是偷懒、不专心，以后不许到外面去玩，进房间去。"

女儿因成绩不好而产生挫败感。她觉得自己无法达到妈妈要求的标准，也无法赶上弟弟，而妈妈的责备使她更沮丧。首先，妈妈还没看到成绩单就预料她的成绩不好，既然妈妈对她没有信心，她就索性放弃并自甘为失败者。其次，妈妈的羞辱，又使她感到自卑。而且妈妈赞美弟弟的好成绩之余，还要求她向弟弟学习，这样就否定了她的自我价值。她已经认为自己无法赶上弟弟，而且又比弟弟大，所以她更觉得落后是情理不容的。可是妈妈还说她偷懒，因此使她更觉得自己一无是处。最后，妈妈的惩罚是不准她到外面去玩。

激励互相竞争并不是一种正确的鼓励。为了鼓励姐姐，妈妈不应该以弟弟为模范。无谓的比较只会给孩子造成心灵上的伤害。女儿有她自己的自我价值，她没必要成为弟弟的翻版。如果妈妈真的想帮助她，就必须对她有信心，帮助她恢复信心，她的能力才会完全发挥。所以妈妈应该尽可能指出并赞美她的成就，即使是小小的成就，这对女儿而言也是一个开始，而不应该以指责和批评的方式，打击她的自信心。

作为妈妈，如果这时这么做，情况就完全不一样了。

姐弟俩带着成绩单回家，弟弟跑到妈妈身边说："妈妈，你看，我全部科目都得优秀。"妈妈看了看成绩单后说："很好，你喜欢念书、学习，妈妈很高兴。"（注意这次妈妈不再强调成绩等级，而关心学习的兴趣，而且大大地改变对儿子过度的赞美）

妈妈知道女儿害怕讨论成绩单，所以她耐心地等到和女儿单独在一起时才对她说："乖孩子，你的成绩单不要妈妈签名吗？"女儿慢腾腾地将成绩单拿出来。妈妈看一看，签完名，然后说："你喜欢念书，妈妈很高兴（针对得到中等的科目），这些科目很有趣吧？"接着，妈妈鼓励地拍拍女儿的肩膀，说："愿不愿意帮妈妈准备饭菜？"女儿在帮忙时会觉得很难过，最后说："弟弟优等，而我却得了几科不及格等。"妈妈说："你是否也和弟弟一样得优秀，这并不重要。有一天你也会领悟学习的乐趣而且发现自己比现在更进步。"

我们不难想象，如果妈妈突然改变态度，女儿会有什么反应？起初女儿可能会感到怀疑，妈妈竟然不再认为只有弟弟才会得到优秀。过去别人总是认为自己不是读书的料，因此自己也觉得再努力也是徒劳。但现在她改变想法了，开始努力念书并以得到中等成绩为目标，至少这是她能力所及的。

如果妈妈给予她重新评估的机会，并不再施予竞争的打击，这样便可以激励女儿更努力，直到女儿很有把握得到中等成绩后，她会进一步认为："我再努力一点儿可能会得到更好的成绩。"因此妈妈的这一点儿鼓励便成为指引女儿进步的一盏明灯。

从以上例子中我们明白了鼓励的重要性，同时也看到家长在管教孩子时可能犯的错误。当然我们不可能期望一次的鼓励能产生很大的效果。如果想要改进受挫折孩子的自我意识，我们就必须不断地鼓励他。

好妈妈不多管闲事

雷宇哭着跑进厨房。"妈妈，爸爸打我。"

妈妈丢下手边的工作，拍拍他的肩膀，温柔地问："怎么回事？"

"他骂我没有礼貌，然后就打我。"

"好了，别哭，妈妈会处理的。"等雷宇平静下来后，妈妈走向正在车库工作的爸爸，于是父母又开始舌战了。妈妈坚持不应该体罚，而爸爸认为雷宇也是他的儿子，他的儿子不可以顶撞自己。而此时雷宇站在旁边观战。

属于两个人之间的问题应该让两个当事人自己来解决。雷宇和爸爸的事情应该由他们自己去面对和解决，妈妈不应该插手。当儿子跑来向她"控诉"爸爸时，她顶多只能说："哦，好可怜，雷宇，如果你不喜欢爸爸打你，你就应该找到犯错原因并避免再犯。"如果不久之后，他们又发生同样的冲突，妈妈可以和孩子来讨论这个问题，帮助他了解怎么做才不会再挨打。如果妈妈真的想帮助孩子，她就不应该袒护他。这样，家庭里三个人才会真正相处愉快。

父亲和母亲是两个不同的个体，他们对很多事情各有不同的观点。如果他们对子女教养的看法正好相同，这当然很好，但这并不是绝对必要的。小孩子要接受或拒绝谁的意见，他会自己做决定。因为小孩子有自己判断的能力，因此即使父母共同达成某种原则，也会出现非预期的结果。这就是为什么他虽然面对爸、妈、祖父母或其他亲人不同的意见而不会感到混淆的原因，所以他通常会接受对自己最有利的一方。

另外，我们还发现一种很特别的现象，妈妈通常都很肯定自己对孩子的教导，而不喜欢他接受别人的意见。

宏伟是家里唯一的孩子。奶奶对这个孙儿真是疼爱有加，她总是尽可能借各种节日，买很多礼物送他。而爸妈则选择性地买些适合的礼物给他。宏伟6岁生日时，奶奶送他六样礼物，圣诞节时送他十样。当他看完爸妈送他的礼物后，很高兴地谢谢他们，但是看完奶奶给他的礼物后却抱怨说："只有这些吗？"过几天后，妈妈发现他竟然在日历上圈出所有会收到礼物的节日。妈妈对他这种挖金矿似的态度很困扰，于是便和宏伟的爸爸商量，请他劝他的母亲不要这样无限制地买礼物送给宏伟。爸爸却认为妈妈这种要求不合理而予以拒绝。一场激烈的争执当然免不了的。妈妈认为奶奶会把宏伟给宠坏的。

这个妈妈虽然意识到儿子身上存在的危机，却没有能力来阻止。妈妈不能控制奶奶的行为，毕竟这不是她的事，而是宏伟和奶奶之间的事。

在这种情况下，妈妈便可以在家庭中创造一种正常交换礼物的气氛来平衡奶奶的无度的给予。这样可以训练孩子不但接受礼物，也要相对送出礼物。他一定要记得奶奶的生日，另外像圣诞节和母亲节也都要准备礼物送给奶奶。然后妈妈就不要再插手干涉，让宏伟和奶奶自己去建立彼此的关系。

每个小孩子都要和父母之外的其他大人相处。通常祖父母和其他亲戚是父母之外最接近的亲人，还有邻居、父母的朋友、老师，甚至同社区的人。父母根本不可能控制这些人对自己孩子所造成的影响。当孩子受到不良影响时，父母就会抗拒这些大人，希望隔离这些不良的外在因素。其实根本徒劳无益。父母没有必要刻意强迫孩子远离不良的生活环境，也不必帮他安排我们认为适当的环境。我们所需要做的是引导他面对环境的态度和方法。

小孩子也是一个单独的个体，他也要和其他人发展关系。只有面对广大的人群体验生活，他才能对人性有更深的了解和判断。父母应该找机会帮助他。

培养孩子的领导才能

领导才能的培养对孩子的未来具有什么意义，是每一位家长都应清楚的。

主宰世界是人之本性，儿童也不例外，他们希望引起别人注意，在这种表现欲望支配下，孩子很有希望成为领导人才。学生中的班干部需要这样的孩子来担任。作为家长，如果孩子被选为班干部之列，你应由衷地高兴，因为这为孩子的成长又提供了一个很好的锻炼机会，能促进孩子全面地发展。

在孩子的心目中，他也是喜欢当"头头"的，在幼儿的打仗游戏中，孩子常为了谁当"头头"而争执不休。当上"头头"，孩子从中找到自我价值和说了算的感觉，也把别人都听自己的当作一种荣耀。

具有领导才能的孩子主动性强，好奇心强，喜欢尝试新的活动并起带头作用，往往成为核心人物，有一定的号召力，有热情，有感染力，充满勇气。

领导才能不是天生的，而是后天培养出来的。如果你想让你的孩子将来成为领导的话，请做到：

1. 给孩子一个机会。领导才能需要在实践中磨炼。要让孩子在他自己感兴趣的领域里锻炼领导才干，如有些孩子是室外玩耍的"头头"，有些孩子是课堂上的组织者。

2．教会孩子在大庭广众之下自如地表达，这要求训练孩子的发音技巧、姿势与神态的使用方法。

3．预测思维训练。当孩子遇到困难来寻求帮助时，家长不必马上去办，而应鼓励孩子："你能再想别的办法吗？"让孩子从另一个角度去思考和解决问题。预测思维是领导才能的标志之一，要设法引导你的孩子："如果我去干那件事会怎么样？"

4．鼓励孩子在课堂上踊跃发言，表达自己的思想。让孩子多采用"我认为""我想"等句式，以突出孩子的自我意识和责任意识。

5．鼓励孩子去争当班干部，中选后可与之策划治班目标和策略。

6．经常询问、倾听孩子说自己的梦想。领导者富于幻想，有发达的想象力，为其他人指明方向。所以，应鼓励孩子去幻想。

7．实施家庭"虚拟"领导才能训练课。训练孩子学会如何安排会议代表位置，如何引导与会者讨论，如何组织课堂讨论。可让孩子主持家庭会议，最后让他进行总结。

好妈妈能处理好孩子与同伴发生的冲突

一、妈妈可以适当调停

许多妈妈经常诉苦，她们的孩子经常与小朋友打架，发生冲突。自己的孩子无论是吃了亏还是占了便宜，心里总是感到很别扭。实际上，我们可以反问一下，在成长过程中，又有哪一个孩子没有经历过"战争"呢?

孩子之间发生争吵、打架是经常性的事情，打架自然不是什么好事情，但在孩子间的交往、游戏中几乎又是难以避免的，无论做妈妈的再三告诫也好，训斥也好，效果并不明显。因为孩子毕竟是孩子，他们缺乏与他人相处的经验，思维简单，自我抑制能力有限，一发生冲突便互相施以拳脚。在小朋友之间发生争执时，其中多数是不用担心的，但是这些争执可能伤害孩子和他们的妈妈的情绪。下面是在发生争执时可以采取的一些措施:

1. 当孩子同朋友有发生争执的倾向时，就应加以帮助，予以制止，一旦冲突已经发生，则应设法将坏事转化为好事。

孩子间的冲突从另一种意义上看，又是特别的人生教育。在冲突中孩子必然直接感受到自己与别人的差异，认识自己，也认识别人。孩子间的冲突，一般而言对身体不会有大的伤害，相反，孩子却可能在经受对抗较量与失望中，学会如何坚持自己的立场。但家长切不可鼓励孩子加剧冲突，而应及时地引导孩子与小朋友友好相处，教导他首先检讨一下自己。孩子有委屈，想报复，若不是原则的事情，可教导孩子学会原谅，宽容别人，形成豁达开朗、不拘小节的胸怀。事实上，孩子们对过去的事大多不放在心上，他们常是一会儿哭一会儿笑，随随便便说"决裂"又轻易和好如初。

2. 不要成为不能自拔的劝和者。一般地说，小孩子没有在争论中同朋友彼此妥协的自制观点，除非有成年人去干预。大一点儿的、强一点儿的或厉害一点儿的孩子常常会把自己的意愿强加于别的孩子。

3. 帮助你的孩子开动脑筋。他们可能是在没有别的处理办法的情况下争执起来的，做些体贴入微的提醒是会有所帮助的。国外一个儿童辅导中心的临床心理学家尤金·乌贝思说："问问你的孩子，用另外的办法能否解决他们的问题，或者问问他们能否彼此妥协。"

对于一般的冲突，家长们不可做审判官，更不要做自己孩子的保护神，适当调停就是最好的选择。过多的干预会干扰孩子间的交往，甚至会使孩子失去朋友。除非你的孩子总是处在被欺侮或欺侮他人的情况，那你必须给予特别的帮助。

二、让孩子学会自己处理冲突

如果一个家庭中有两个或更多的小孩，那么孩子之间发生争吵、打架的事就是很正常的现象了。不管孩子争吵的理由为何，父母一旦介入，试图调停和解决只会使情况更糟，而且也剥夺了孩子学习自己解决冲突的机会。

姐姐小仪9岁，弟弟阳阳7岁。姐弟两个人正在看电视，妈妈则在厨房忙着准备晚餐。不一会儿阳阳开始挤小仪，小仪只好一直移动位置躲着他，可是阳阳又把腿放在小仪的腿上。

"把腿拿开。"小仪有点儿生气但不失冷静地对阳阳说，不过还是很专心看电视剧剧情的发展。

阳阳不但不理会小仪的话，而且还用手指头开始在小仪背上乱写字。

起初小仪打阳阳的手："我叫你把脚拿开。"

阳阳咯咯发笑，还继续用手指在小仪背上写字。小仪一声不响地把阳阳的手抓过来，狠狠咬他的手臂。"哇！"阳阳大叫一声哭了出来。

妈妈冲进房间着急地问："发生什么事啦？"她一眼便望见阳阳痛苦的模样，而且两个人打成一团。她冲向他们，把他们分开。阳阳抓住手臂不放，上面牙齿的咬痕清晰可见，妈妈问："小仪，你怎么可以咬弟弟？"

"他一直烦我嘛！"

"我不管他怎么样，反正你不应该这样对待你弟弟。"

这一场争吵的目的是什么？结果又怎样？

阳阳认为自己是需要妈妈保护的小娃娃，所以他故意挑起争吵以达到被保护的目的。由于妈妈一向保护弟弟，因此使小仪感觉不公平。小仪便想利用妈妈最痛恨的事情来达到报复的目的。明明是阳阳先挑起争吵，妈妈却袒护他。如果妈妈想消除小仪心中的怨恨，就不应该偏袒儿子，而应该认清谁才是挑起争吵的人。

妈妈到底应该怎么做呢？首先，她不应该因儿子的一声尖叫而冲动地跑过来，虽然这样要求母亲是很不合理的，但是尽可能三思而行的确非常重要。儿子的这一声戏剧性的尖叫就是故意要吸引妈妈的注意力，告诉她严重的事情发生了，然后他的哭声开始了，但除了哭声之外，房子也没塌下来，电视也没爆炸。妈妈这时便可以肯定是两姐弟在吵架，阳阳还受伤了。妈妈应该认清这是孩子们的争吵，自己最好是敬而远之。

作为一个妈妈要做到以上这一点，需要不断累积经验。过去妈妈如果容易冲动——想冲过去看看发生什么事，那么现在她必须压抑这种冲动，妈妈如果早已经明白这一声尖叫是起因于姐弟的争吵，可以一言不发躲在厨房。反正阳阳如果不想被咬，他就不应该挑起争吵。妈妈采取这样的做法等于将争吵的责任归在阳阳和小仪身上。

妈妈没有权力规定孩子之间的关系，只能用行动来影响他们。如果妈妈真的能采取这样的方式来消除孩子借争吵获得满足感的念头，妈妈便能促进孩子重建他们之间的关系。此外，妈妈还必须了解孩子行为的真正目的，教导孩子学会自己解决冲突。

要求父母不要介入孩子们的争吵是很难的，因为他们会认为教导孩子不要吵架，这是他们的责任。不错，父母确实应该教导孩子不要吵架，但这需要运用技巧。

介入及当和事老并不能达到效果，充其量只能暂时阻止争吵，而不能教导他们避免另一次的争吵或以正确的方法来解决彼此的冲突，如果父母的介入能够满足孩子的需要，他们为什么不停止争吵呢？如果吵架弄得鼻青脸肿，两败俱伤，他们难道不会考虑以其他方法来解决冲突吗？会的，他们一定会想尽方法来避免再一次的伤害，这样兄弟姐妹之情就能渐渐培养起来了。当然妈妈必须帮孩子包扎伤口，但是千万不要袒护任何一方，她只需要说："我真为你们打架而难过。"

孩子吵架的目的总是为了权力或是为了争宠，所以如果父母对孩子付出均等的爱，他们就无须通过冲突来取得优势。但是如果其中一方恐惧失宠或被冷落，他内心就会产生敌意而挑起争执。你如果将注意力完全集中于一个孩子身上，或袒护年纪较小的孩子，无形中就加深了另一个孩子不平衡的心理，如此一来也只能增加你自己的困扰。

孩子会从冲击中不断地学习人与人的相处之道和平等的观念，并学会为别人着想。这些也正是你要教导孩子的生活准则，你何不慷慨地留给他们一片属于他们自己的天空呢？